Lire Les Travailleurs de la mer *de Victor Hugo*

Après la lecture

Autre lecture

Dossier central images en couleurs

F. L. Schmied, *Le Navire d'Ulysse*, illustration, 1930-1933.

CARRÉS CLASSIQUES

Collection COLLÈGE dirigée par
Cécile de Cazanove
Agrégée de Lettres modernes

Figures de monstres

anthologie

Édition présentée par
Annie Le Fustec
Agrégée de Lettres classiques

Nathan

Sommaire

Lire L'Odyssée *d'Homère*

Lire Le Vaillant Petit Tailleur *des frères Grimm*

ISBN : 978 209 188987-0
© Nathan 2016

Homère
L'*Odyssée*

Extraits du chant IX
VIIIe s. avant J.-C.

Traduction de Philippe Jaccottet

Qui êtes-vous, Ulysse ?

De quel récit êtes-vous le héros ?

Je suis le héros d'un récit célèbre, l'*Odyssée* (Ulysse se dit *Odusseus*, en grec ancien). On ne sait pas exactement qui a composé cette œuvre. Vers le VIIIe siècle avant J.-C., des poètes ambulants, appelés aèdes, allaient de palais en palais, pour chanter lors des festins. C'est peut-être l'un d'eux qui a raconté mon histoire. On l'appelle Homère, mais on n'est pas sûr qu'il ait existé.

« *Héros d'un récit célèbre* »

Vous êtes connu comme « l'homme aux mille ruses ». Pourquoi ?

Avec les autres rois de la Grèce, j'ai participé à la guerre de Troie, l'expédition commandée par le roi Agamemnon pour aller reprendre la femme de son frère Ménélas, enlevée par le troyen Pâris. J'ai combattu, mais j'ai aussi très souvent joué le rôle de négociateur : je suis éloquent et subtil...

De plus, c'est moi qui ai trouvé la fameuse ruse du cheval de Troie. Un de nos espions a convaincu les Troyens de faire entrer dans leur ville cet énorme cheval de bois, que nous avions apparemment abandonné en partant. Ensuite ils ont fêté leur victoire. La nuit, quand tous ont été ivres, mes compagnons et moi sommes sortis tout armés du cheval et nous avons conquis la ville. Encore une fois, ma *métis*, mon « intelligence astucieuse » d'homme « aux mille ruses », a fait merveille !

Pourquoi dit-on que vous avez été « prisonnier de la mer » ?

En naviguant vers mon royaume d'Ithaque, j'ai attiré sur moi la haine de Poséidon, dieu de la mer. Elle m'a valu dix ans d'errance, de tempêtes, de naufrages, de pièges, de rencontres dangereuses avec des magiciennes, des monstres, des peuples étranges. Malgré l'aide de la déesse Athéna et d'hôtes accueillants, j'ai perdu tous mes navires et tous mes compagnons.

Comment avez-vous été accueilli à votre arrivée à Ithaque ?

Pendant que j'errais ainsi sur les mers, mon épouse Pénélope était harcelée par des dizaines de prétendants qui, persuadés que j'étais mort, voulaient l'épouser et s'emparer de mon royaume. Elle a inventé des prétextes pour retarder son remariage – elle disait qu'elle choisirait un nouvel époux quand elle aurait fini sa tapisserie, et la nuit, elle défaisait ce qu'elle avait tissé le jour.

Mon fils Télémaque, le cœur déchiré par mon absence et par l'état de mon royaume, a entrepris un long voyage pour tenter de découvrir si j'étais encore en vie.

Quand je suis finalement arrivé à Ithaque, j'ai dû encore recourir à la ruse, à la *métis*, pour chasser les prétendants, avec l'aide de mon fils et de la déesse Athéna. En me faisant passer pour un vieux mendiant inoffensif, j'ai participé à un concours de tir : moi seul ai réussi à bander l'arc, et j'en ai profité pour massacrer mes rivaux. Je me suis fait reconnaître de Pénélope et des miens, et la paix est revenue dans le royaume d'Ithaque. ■

« De la ruse, des voyages, une famille fidèle »

Qui sont les personnages ?

Ulysse

Après avoir quitté Troie avec sa flotte et combattu les Cicones, il a abordé chez les Cyclopes. Il décide de visiter la grotte de l'un d'eux, Polyphème, et d'attendre son retour pour recevoir les « cadeaux d'hospitalité » traditionnels.

➤ *Ulysse sera-t-il bien accueilli ?*

Polyphème

Ce Cyclope vit à l'écart et élève des moutons. C'est un géant qui n'a qu'un œil (*cyclops* signifie « œil rond » en grec ancien).

➤ *Comment Polyphème traitera-t-il Ulysse et ses compagnons ?*

Les compagnons d'Ulysse

Ils l'accompagnent depuis le début de la guerre et ont quitté Troie sur de nombreux navires. Ils sont souvent imprudents et peu disciplinés.

➤ *Comment vont-ils se comporter face au Cyclope ?*

Dans l'antre de Polyphème

NOUS ATTEIGNÎMES[1] un pays de hors-la-loi,
les Cyclopes ; ceux-ci, faisant confiance aux Immortels[2],
ne plantent pas de plantes de leurs mains ni ne labourent ;
tout pousse sans labour et sans semailles dans leur terre,
l'orge comme le blé, et la vigne portant le vin,
de lourdes grappes que grossit la pluie de Zeus[3].
Ils n'ont pas d'assemblée pour les conseils et pas de lois ;
ils habitent le haut des plus hautes montagnes
en des antres[4] profonds, chacun y fait la loi
dans sa famille, et reste insoucieux[5] des autres.   10
Il est une île assez petite en face de leur port,
ni trop près, ni trop loin du pays des Cyclopes,
avec des bois ; des chèvres en grand nombre y vivent,
sauvages ; le pas de l'homme ne les effarouche[6] pas ;
et les chasseurs n'y viennent point qui, par les bois,
à grand-peine, gravissent les flancs[7] des montagnes,
Cette île ne connaît ni le bétail ni la charrue,
mais, sans semailles, sans labours toute l'année,
par l'homme désertée[8], elle paît[9] les chèvres bêlantes.
Les Cyclopes n'ont pas de vaisseaux rubiconds[10]   20
ni de ces constructeurs de navires pour leur bâtir
des vaisseaux bien pontés[11], prompts à toutes besognes[12],
qui vous mènent de ville en ville comme font
souvent les hommes, franchissant les vastes mers.
Ils auraient pu ainsi développer cette île !
Elle n'est pas ingrate[13], et pourrait donner tous les fruits ;
il y a des herbages sur le bord de la mer grise,
tendres et arrosés ; les vignes seraient éternelles,

1. Arrivâmes à.
2. Aux dieux.
3. Dieu de la lumière, des éléments (en particulier de la foudre et du tonnerre), Zeus est, selon Homère, « père des dieux et des hommes ».
4. Grottes.
5. Ne se préoccupe pas.
6. Ne leur fait pas peur.
7. Pentes.
8. Inhabitée.
9. Elle fait paître, elle nourrit.
10. Rouges.
11. Avec des ponts solides.
12. Prêts à tous les travaux.
13. Infertile.

Épithètes homériques

L'épithète « aux doigts roses » (v. 47) fait partie des adjectifs inventés par Homère pour qualifier les personnages : Ulysse « aux mille ruses » ou « fléau des villes », Zeus « Porte-Égide », etc. On appelle ces expressions des « épithètes homériques » ; elles aidaient le poète à mémoriser le poème.

1. Plan d'eau où les bateaux peuvent s'arrêter.
2. Une fois le navire au port.
3. L'entrée.
4. Jaillit du sol.
5. L'obscurité profonde.
6. Descendîmes les voiles pour arrêter les navires.
7. Endroit du rivage où les vagues se brisent.
8. Éos, déesse de l'aurore. De ses « doigts de rose », elle ouvre les portes du ciel pour laisser entrer le char du Soleil.
9. Chercher à connaître.
10. Détacher la corde qui maintient le navire à l'arrêt.
11. Rapidement.
12. Tige métallique sur laquelle se pose la rame.

le labourage aisé ; les moissons seraient hautes
30 chaque été, car la terre est grasse sous les mottes.
Elle a enfin un bon mouillage[1] où il n'est pas besoin
de pierres d'ancre ou d'amarres pour demeurer.
Le navire échoué[2], on peut attendre que les hommes
soient décidés, et que se lèvent les bons vents.
À la bouche[3] du port, une eau brillante coule
et sourd de sous le roc[4] ; des peupliers poussent autour.
Nous abordâmes là, quelque dieu devait nous conduire
dans les ténèbres[5] de la nuit, car on n'y voyait rien ;
un brouillard dense entourait les bateaux, la lune
40 au ciel ne brillait pas, des nuages nous la cachaient.
Ainsi, personne n'avait pu voir l'île,
et nous ne vîmes pas les grandes vagues qui roulaient
vers le rivage, avant que nos vaisseaux fussent à quai.
Les vaisseaux échoués, nous amenâmes la voilure[6]
et mîmes pied à terre sur la frange des brisants[7] ;
c'est là qu'on s'endormit en attendant l'aube divine. […]
Lorsque parut la fille du matin[8], l'aube aux doigts roses,
je réunis mes gens et je leur déclarai :
« Restez ici pour le moment, fidèles compagnons !
50 Moi, avec mon bateau et mes seuls compagnons,
j'irai sonder[9] ces gens, apprendre qui ils sont,
si ce sont des violents et des sauvages sans justice
ou des hommes hospitaliers, craignant les dieux. »
Sur ces mots, je montai à bord, et j'invitai mes gens
à monter à leur tour et à larguer l'amarre[10].
Embarqués promptement[11], ils prirent place à leur tolet[12]
en bon ordre, et frappèrent de leur rame la mer grise.
Mais, comme nous touchions à cette terre peu lointaine,

au bout du cap, nous vîmes une grotte sur la mer,
haute sous des lauriers ; là des brebis en nombre   60
et des chèvres étaient au parc[13] ; un haut rempart
s'élevait tout autour, fait de blocs fichés[14] dans le sol,
de grands pins et de chênes à la haute couronne.
Là vivait un géant, un solitaire qui menait
paître au loin ses troupeaux ; il ne fréquentait pas
les autres, mais vivait à l'écart, hors la loi.
C'était un monstre gigantesque ; il ne ressemblait pas
à un mangeur de pain, mais plutôt au sommet boisé
d'une haute montagne apparue à l'écart.
Alors, je commandai à mes fidèles compagnons   70
de rester auprès du vaisseau pour le garder.
Puis, lorsque j'eus choisi les douze plus braves d'entre eux,
je partis, emportant dans une outre de chèvre[15]
ce doux vin noir que m'avait apporté Maron[16] fils d'Evanthès
et prêtre d'Apollon, dieu tutélaire[17] d'Ismaros,
pour l'avoir épargné, avec son épouse et son fils,
par respect : car il habitait sous les arbres sacrés
de Phoibos Apollon.[…]
J'en emportai une grande outre pleine avec des vivres
en ma besace[18] : mon cœur fier avait deviné tout de suite   80
que nous aurions affaire à quelqu'un de grande vigueur,
sauvage et méprisant la justice comme les lois.

Bientôt nous arrivâmes à son antre ; il n'était pas
chez lui, car il menait ses gras troupeaux dans les pacages[19].
Entrés dans la caverne, nous en fîmes la revue[20] :
les claies[21] ployaient[22] sous les fromages, les étables étaient

Le dieu Apollon

Fils de Zeus, Apollon est le dieu de la chaleur solaire (*Phoibos* signifie « brillant »). L'arbre qui lui est consacré est le laurier. Maron était le prêtre d'Apollon à Ismaros, ville du nord de la Grèce. En l'épargnant, Ulysse a montré sa piété, mais aussi sa prudence : Apollon sait se venger des offenses, en particulier en envoyant la peste.

13. Dans leur enclos.
14. Enfoncés.
15. Récipient en peau de chèvre.
16. La rencontre s'est passée pendant l'affrontement avec le peuple des Cicones, juste avant l'arrivée chez les Cyclopes.
17. Protecteur.
18. Grand sac souple.
19. Prés.
20. Nous la regardâmes avec attention.
21. Grille en osier pour faire sécher fruits ou fromages.
22. Se courbaient sous le poids.

bondées[1] d'agneaux et de chevreaux : chaque âge avait
[sa stalle[2]
à part, là les aînés, ici les plus petits
et là les nouveau-nés ; les vases regorgeaient de lait,
90 comme les jattes[3] et les terrines façonnées pour traire.
Alors, mes compagnons me supplièrent de voler
les fromages d'abord et de partir, puis d'emmener
en hâte au prompt vaisseau les agnelets et les chevreaux
loin de l'étable ; et de regagner la saumure[4].
Mais je ne cédai pas, alors qu'il eût bien mieux valu[5],
car je voulais le voir, et s'il me ferait les cadeaux !
Mais mes hommes ne devaient pas bénir son arrivée[6]…

Alors, on sacrifia[7], le feu allumé, puis mangea
des fromages volés et s'assit pour l'attendre
100 à l'intérieur ; il rentra du pacage en apportant
un lourd faix[8] de bois sec pour faire son souper.
Il le laissa tomber dans la caverne à grand fracas[9] :
effrayés, d'un seul bond, nous nous réfugiâmes au fond.
Alors, dans l'antre vaste il fit entrer ses bêtes grasses,
celles qu'il devait traire ; il laissa les mâles dehors,
béliers et boucs, à l'intérieur de la profonde cour.
Puis, soulevant un bloc énorme, il le dressa
devant l'entrée ; vingt-deux solides chars à quatre roues
n'auraient pas pu le soulever du sol,
110 si lourd était le bloc abrupt[10] qu'il dressa là.
Il s'installa pour traire chèvres et brebis bêlantes,
en bonne règle[11], et fit venir sous chacune un petit.
Ayant fait aussitôt cailler[12] la moitié du lait blanc,
il vint le recueillir au fond de corbeilles tressées

1. Remplies.
2. Son compartiment.
3. Petits récipients ronds en bois.
4. La mer.
5. Il aurait mieux valu.
6. Ce vers annonce les malheurs qui vont frapper l'équipage.
7. On (= Ulysse et ses compagnons) fit un sacrifice aux dieux.
8. Chargement.
9. Bruit.
10. Presque vertical.
11. En suivant la bonne méthode.
12. Coaguler, pour transformer en fromage.

et mit l'autre moitié dans des vases, pour en avoir
quand il voudrait en boire, ou à l'heure de son repas.
Il vint rapidement à bout de ces travaux ;
il alluma le feu, nous aperçut, nous demanda :
« Qui êtes-vous ? D'où venez-vous par les routes humides ?
Êtes-vous des marchands, ou errez-vous à l'aventure, 120
tels les pirates sur les eaux qui vont rôdant,
risquant leur vie en attaquant les nations d'autre langue ? »
À ces mots, notre cœur éclata de nouveau,
effrayés par sa voix profonde et par sa grande taille.
Néanmoins[13], je lui dis en guise de réponse :
« Nous sommes, oui, des Achéens[14] venant de Troie, chassés
par tous les vents du ciel sur le grand gouffre de la mer ;
regagnant nos maisons, d'autres routes, d'autres chemins
nous ont conduits ici ; sans doute Zeus l'aura voulu.
Et nous nous honorons d'être soldats d'Agamemnon, 130
l'Atride[15] dont la gloire de nos jours emplit le monde,
si vaste fut la ville qu'il pilla[16], et si nombreux
les guerriers qu'il tua ; nous voici donc à tes genoux
dans l'espoir que tu nous accueilles et que, de plus,
tu nous fasses un don[17], selon la coutume des hôtes.
Crains les dieux, bon seigneur : car nous sommes tes
                                                    [suppliants.

Zeus défend l'étranger comme le suppliant,
il est l'hospitalier, l'ami des hôtes respectables ! »
À ces mots, aussitôt, il repartit[18] d'un cœur cruel :
« Es-tu sot, inconnu, ou viens-tu de fort loin, 140
pour m'inviter à craindre, à respecter les dieux ?
Les Cyclopes n'ont pas souci du Porte-Égide[19]

Le devoir sacré d'hospitalité

En Grèce ancienne, les hôtes de passage sont protégés par Zeus ; les accueillir est un devoir sacré. On doit leur offrir un bain, un repas, des cadeaux d'hospitalité, un lit et de quoi continuer leur voyage.

13. Pourtant.
14. Autre nom des Grecs.
15. Chef de l'armée grecque partie pour Troie, et descendant d'Atrée.
16. Allusion à Troie.
17. Cadeau.
18. Répondit.
19. Zeus, nourri du lait d'une chèvre, fit de la peau de l'animal un bouclier (ou égide). L'expression *sous l'égide de* signifie « sous la protection de ».

ni des dieux bienheureux : nous sommes les plus forts.
Et ce n'est pas la peur de la haine de Zeus
qui me ferait vous épargner[1], si je n'y songe[2] !
Mais dis-moi, en venant, où laissas-tu ton beau navire,
est-ce à l'extrémité du cap ou plus près, dis-le-moi ! »
Il me tâtait[3], mais j'en savais trop long pour être dupe[4],
et je lui rétorquai[5] par ce rusé discours :

150   « Mon bateau, l'Ébranleur des terres[6] l'a brisé
en le jetant sur des écueils[7], aux confins[8] de votre île,
le poussant sur le cap : le vent du large l'entraîna.
Mais moi, avec ceux-ci, j'ai fui l'abrupte mort[9]. »
Je dis. Ce cœur cruel ne me répondit rien
mais, sautant sur mes gens en étendant les bras,
il en prit deux d'un coup, et comme des chiots[10], sur le sol
les assomma. La cervelle en giclant mouilla le sol.
Découpés membre à membre, il en fit son souper.
Comme un lion né des montagnes, il les mangea sans rien

160   laisser, entrailles[11], chair et os remplis de moelle.
Nous, en pleurant, nous élevions les mains vers Zeus,
voyant l'œuvre cruelle et notre courage impuissant.
Puis, lorsque le Cyclope eut bien rempli sa vaste panse[12],
mangé la chair humaine et bu du lait pur par-dessus,
il s'étendit dans l'antre en travers de ses bêtes.
C'est alors que je méditai[13], dans mon cœur généreux[14],
m'approchant, de tirer mon épée le long de ma cuisse
et de l'en frapper là où le foie pend sous le diaphragme
en lui palpant l'endroit ; mais une pensée me retint :

170   même ainsi, nous aurions péri d'abrupte mort,
incapables de déplacer avec nos mains

1. Laisser en vie.
2. Si je n'en ai pas envie.
3. Il me testait.
4. Pour me laisser tromper.
5. Répondis.
6. Poséidon, dieu de la mer et des tremblements de terre.
7. Îlots rocheux à la surface de l'eau.
8. À l'extrémité.
9. Épithète homérique.
10. Jeunes chiens.
11. Organes internes, viscères.
12. Estomac des mammifères.
13. Je pensai.
14. Noble et courageux.

l'énorme bloc dont il avait bouché la haute entrée...
Nous attendîmes donc en gémissant l'aube divine.

Homère, *L'Odyssée*, extraits du chant IX,
© La Découverte, trad. Ph. Jaccottet, 2004.

Les vers formulaires

L'expression *attendre l'aube divine* (vers 173), déjà employée au vers 48, marque le passage des jours. Elle sera répétée souvent (v. 130, p. 26 etc.). C'est ce qu'on appelle un vers formulaire, qui facilitait la mémorisation.

Le Cyclope Polyphème entre dans sa grotte, où sont cachés Ulysse et ses compagnons terrifiés, illustration anonyme.

Pause lecture 1

Le pays des Cyclopes v. 1 à 57

Avez-vous bien lu ?

Ulysse laisse ses navires :

❏ au large.

❏ dans le port des Cyclopes.

❏ sur une île voisine.

Une terre à l'abandon

1 Dans les vers 1 à 24, relevez les tournures négatives : pourquoi sont-elles si nombreuses ?

2 Quel est le mode verbal d'*auraient*, *pourraient* et *seraient* (vers 25 à 30) ? Expliquez son emploi ici. Que reproche Ulysse aux Cyclopes ?

« Un pays de hors-la-loi »

3 Où habitent les Cyclopes ? Forment-ils une société ?

4 Pourquoi Ulysse les qualifie-t-il de « hors-la-loi » au vers 1 ?

Une région méditerranéenne

5 Quels éléments situent l'histoire dans une région méditerranéenne (végétation, productions agricoles, paysages) ?

6 Que nous apprend ce passage sur le mode de vie des Grecs de l'Antiquité ? Que représente pour eux la façon de vivre des Cyclopes ?

Rencontre avec le Cyclope v. 58 à 97

Avez-vous bien lu ?

Pour faire un cadeau à son hôte, Ulysse emporte :

❏ une outre de vin.
❏ un vase de lait.
❏ une miche de pain.

L'antre du Cyclope

1 Quels adjectifs caractérisent l'endroit où vit le Cyclope (v. 58 à 63) ? Que peut-on en déduire ? Quelles impressions se dégagent de la description de la caverne aux vers 85 à 90 ?

2 Comment les marins réagissent-ils à ces découvertes ? Pourquoi Ulysse refuse-t-il de les écouter ?

« Un monstre gigantesque »

3 Quelles sont les caractéristiques du Cyclope ? Ulysse en dit-il assez pour qu'on puisse dessiner le personnage ?

4 Quels éléments font du Cyclope un monstre ? Est-ce seulement une question d'apparence physique ?

5 Qui Ulysse désigne-t-il comme « mangeur de pain » (v. 68) ? Pourquoi cette appellation ne peut-elle pas s'appliquer aux Cyclopes ?

Le comportement d'Ulysse

6 Quels traits de caractère d'Ulysse apparaissent dans ce passage ?

7 Quel effet produisent sur le lecteur les vers 95 à 97 ?

Prisonniers du monstre v. 98 à 173

Avez-vous bien lu ?

Ulysse rappelle au Cyclope que les suppliants sont protégés par :

❏ Poséidon, « l'Ébranleur des terres ».

❏ Agamemnon « l'Atride ».

❏ Zeus, « le Porte-Égide ».

Le Cyclope berger (v. 98 à 124)

1 Le Cyclope est-il un berger compétent ? Justifiez votre réponse.

2 Quels détails rappellent qu'il est un géant ?

Le dialogue (v. 125 à 153)

3 Que nous apprend la première réponse d'Ulysse (v. 126 à 138) ? Sur quoi met-il l'accent ? Pourquoi ?

4 Comment le Cyclope justifie-t-il le fait qu'il ne respecte pas les dieux ?

5 Quel mensonge invente Ulysse aux vers 150 à 153 ? Pourquoi ?

Le Cyclope cannibale (v. 154 à 173)

6 Quels détails du repas du Cyclope suscitent l'horreur ? Que suggère la comparaison avec un « lion né des montagnes » (v. 159) ?

7 De quelles qualités Ulysse fait-il preuve face au Cyclope endormi ?

Vers l'expression

Vocabulaire

1. *Hôtes* (v. 135), *hospitalier* (v. 138) : comparez l'orthographe de ces deux mots de la même famille. Quel couple de mots pouvez-vous former de la même manière avec les mots suivants ?

a. *bestial* – **b.** *forestier*.

2. Comment les mots suivants sont-ils formés ? Expliquez les différences d'orthographe du préfixe.

a. *Immortels* (v. 2) – **b.** *insoucieux* (v. 10) – **c.** *impuissant* (v. 162) – **d.** *incapable* (v. 171).

3. De quel mot *agnelet* (v. 93) est-il le diminutif ? Trouvez cinq diminutifs utilisant le même suffixe.

4. Dans les vers 31 à 46, relevez les mots appartenant au vocabulaire de la navigation.

À vous de jouer

✎ Expression écrite

Imaginez un personnage monstrueux et décrivez-le dans l'endroit où il vit. Vous emploierez au moins deux comparaisons.

💬 Exposé

Recherchez quels autres monstres Ulysse a dû affronter au cours de son voyage. Choisissez-en un et présentez-le oralement à vos camarades.

Du texte à l'image

Observez ce vase → voir dossier images p. I

1 Décrivez la décoration du vase en allant du haut vers le bas.

2 Que représente la scène centrale ? Aidez-vous des vers 69 à 100, p. 23-24. Quels éléments vous permettent de répondre ?

3 Faites une recherche et rédigez quelques phrases pour expliquer ce que sont : **a.** une hydrie – **b.** les Étrusques – **c.** la Villa Giulia à Rome.

Ulysse et ses compagnons aveuglant Polyphème,
hydrie de Caere (550-525 av. J.-C.), Rome, Museo Nazionale Etrusco di Villa Giulia.

Observez ce tableau → voir dossier images p. II

1 Comment les deux personnages principaux sont-ils mis en valeur ? Comparez leur apparence et leur position dans le tableau.

2 Le Cyclope vous semble-t-il monstrueux ?

3 Lisez les vers 69 à 100, p. 23-24. Voyez-vous des différences entre le tableau et les vers de l'*Odyssée* ?

4 Quels sentiments expriment les visages des compagnons d'Ulysse ?

Jacob Jordaens (1593-1678), *Ulysse dans la grotte de Polyphème* (1630-1635), huile sur panneau, Moscou, Musée Pouchkine.

Rusé comme personne

LORSQUE PARUT LA FILLE DU MATIN, l'aube aux doigts roses,
il alluma le feu, s'occupa de traire ses bêtes
en bonne règle, et fit venir sous chacune un petit.
Il vint rapidement à bout de ces travaux,
puis attrapa deux autres de mes gens pour son repas.
Quand il eut déjeuné, il fit sortir ses gras troupeaux,
sans peine déplaçant la grande porte ; puis en hâte[1],
il la ferma sur nous comme un couvercle de carquois[2].
À grands coups de sifflet, il emmena ses gras troupeaux
dans la montagne ; et je restai à chercher ma revanche,   10
un châtiment dont Athéna m'offrît la gloire[3].
Or voici le projet que mon cœur jugea le plus sage :
le Cyclope, contre un enclos, avait laissé son grand gourdin[4]
en olivier ; il l'avait coupé vert pour le porter
une fois sec. Nous, le voyant, nous l'avions comparé
au mât d'un noir navire à vingt rameurs,
d'un bateau de transport fait pour franchir le grand abîme[5] :
telle était sa longueur, tel son diamètre apparaissait.
Je m'avançai pour en couper la longueur d'une brasse[6],
le passai à mes gens, leur ordonnai de l'écorcer[7] ;   20
ils le polirent avec soin ; je vins en aiguiser[8]
la pointe et l'apportai pour la durcir au feu brûlant.
Je le dissimulai soigneusement sous le fumier
qui par toute la grotte s'amassait en abondance.
Ensuite j'ordonnai à mes gens de tirer au sort
celui qui oserait avec moi soulever le pieu
et le tourner dans l'œil quand le doux sommeil le prendrait.
Ceux-là furent choisis que j'aurais désignés moi-même :

L'*Odyssée*

La déesse Athéna

Fille de Zeus et de Mêtis, déesse de la sagesse, Athéna est née tout armée de la tête de son père. Elle est la déesse de la guerre juste et de la raison. Son attribut principal est la chouette. Elle aide les Grecs pendant la guerre de Troie, Ulysse dans son voyage de retour, ainsi qu'Héraklès dans l'accomplissement de ses travaux, Jason dans la conquête de la toison d'or ou Persée dans son combat contre Méduse.

1. Rapidement.
2. Étui pour ranger des flèches.
3. Une punition suggérée par Athéna pour augmenter ma gloire.
4. Gros bâton.
5. La mer.
6. Ancienne mesure équivalant à la longueur des deux bras étendus.
7. Enlever l'écorce.
8. Rendre pointu.

ils étaient quatre, auxquels je m'adjoignis[1] comme cinquième.

30 Vers le soir il revint, ramenant ses brebis laineuses ;
vite dans l'antre vaste il fit entrer ses gras troupeaux
sans laisser une bête au-dehors dans la cour profonde,
soit qu'il se méfiât, soit qu'un dieu le lui eût soufflé[2].
Puis, soulevant l'énorme bloc, il en boucha l'entrée,
s'assit pour traire ses brebis et ses chèvres bêlantes
en bonne règle, et fit venir sous chacune un petit.
Il vint rapidement à bout de ces travaux,
puis attrapa deux autres de mes gens pour son repas.
C'est alors que je m'approchai pour lui parler,

40 tenant entre les mains la jatte de vin noir :
« Tiens, Cyclope, bois ça pour arroser ces chairs humaines,
que tu saches quelle boisson notre vaisseau
dissimulait ; c'était ma libation[3], si ta pitié
nous avait reconduits ; mais ta rage passe les bornes.
Malheureux ! quel mortel viendrait encor[4] te voir
en suppliant, maintenant que tu fis cela ? »
Je dis. Il prit la jatte, la vida, le doux nectar[5]
le ravit à tel point qu'il en redemanda :
« Sois gentil, donne-m'en encore, et puis dis-moi ton nom,

50 tout de suite, que je te fasse un cadeau qui te plaise !
Car la terre du blé pour les Cyclopes porte aussi
le vin en lourdes grappes que grossit la pluie de Zeus :
mais ça, c'est de l'essence d'ambroisie[6] et de nectar ! »
Ainsi dit-il, et je lui reversai du vin de feu[7] ;
trois fois je l'en servis, et trois fois l'imprudent le but.
Puis, quand le vin lui eut embrumé les esprits,
je lui soufflai ces mots aussi doux que du miel :
« Cyclope, tu t'enquiers[8] de mon illustre nom. Eh bien,

1. Je m'ajoutai.
2. Lui en ait donné l'idée.
3. Liquide offert lors d'une cérémonie religieuse.
4. Orthographe acceptée en poésie pour respecter le nombre de syllabes des vers.
5. Ici, vin. Normalement, le nectar est la boisson des dieux.
6. Nourriture des dieux, à base de miel.
7. Très fort.
8. Demandes.

je répondrai : mais tu n'oublieras pas le don promis !
Je m'appelle Personne, et Personne est le nom   60
que mes parents et tous mes autres compagnons me donnent. »
À ces mots, aussitôt, il repartit d'un cœur cruel :
« Eh bien, je mangerai Personne le dernier
et les autres d'abord. Voilà le don que je te fais ! »
Alors, tête en arrière, il tomba sur le dos ;
puis sa grosse nuque fléchit[9], le souverain dompteur[10],
le sommeil, le gagna ; de sa gorge du vin jaillit
et des morceaux de chair humaine ; il rotait, lourd de vin.
J'enfouis alors le pieu sous l'abondante cendre
pour le chauffer ; j'encourageai de mes propos[11]   70
mes compagnons, afin qu'aucun, de peur, ne défaillît[12].
Mais, quand bientôt le pieu d'olivier dans le feu
rougeoyant, quoique vert, jeta une lueur terrible[13],
m'approchant, je l'en retirai ; mes compagnons étaient
autour de moi ; un dieu nous insufflait[14] un grand courage.
Eux, s'emparant du pieu d'olivier acéré[15],
l'enfoncèrent dans l'œil ; moi, appuyant par en dessous,
je tournai, comme on fore[16] une poutre pour un bateau
à la tarière[17], en bas les aides manient la courroie
qu'ils tiennent aux deux bouts, cependant que la mèche[18] tourne 80
ainsi, tenant dans l'œil le pieu affûté[19] à la flamme,
nous tournions, et le sang coulait autour du pieu brûlant.
Partout sur la paupière et le sourcil grillait l'ardeur
de la prunelle[20] en feu ; et ses racines grésillaient[21].
Comme quand le forgeron plonge une grande hache
ou une doloire[22] dans l'eau froide pour la tremper[23],
le métal siffle, et là gît[24] la force du fer,
ainsi son œil sifflait sous l'action du pieu d'olivier.

9. Se courba.
10. Le maître de tous (ici, le sommeil).
11. Paroles.
12. Ne s'évanouisse.
13. Bien qu'il ne soit pas en bois sec, le pieu devient rouge et chaud comme la braise.
14. Donnait.
15. Pointu.
16. Perce.
17. Outil de charpentier servant à percer le bois.
18. Partie pointue de la tarière, en forme de spirale.
19. Rendu pointu.
20. La pupille de l'œil.
21. Faisaient le bruit de ce qui frit sur le feu.
22. Outil de charpentier pourvu d'une lame large.
23. Durcir, en parlant d'un métal.
24. Se trouve.

Outis et Mêtis

Au vers 60 (p. 23), Ulysse a prétendu s'appeler « Personne », qui peut se dire en grec *outis* ou *mêtis*. Or *mêtis*, « personne », est un homophone du nom *mêtis*, qui signifie « intelligence rusée ». Au vers 108, Ulysse se félicite de tromper le Cyclope grâce à sa *mêtis*, et au nom d'emprunt qu'elle lui a inspiré, *Mêtis*.

1. Abondant.
2. Appela.
3. Exposées au vent.
4. Venue du ciel et divine.
5. Épithète homérique.
6. La folie. Pour les Grecs, la folie était souvent une punition envoyée par les dieux.
7. Supplie.
8. Trompés.
9. Gémissant.
10. Au fond de lui-même.
11. Pensais à.

Il poussa un rugissement, la roche en retentit,
90   nous nous enfuîmes apeurés ; alors, il arracha
le pieu qu'un sang nombreux[1] salissait de son œil,
le jeta loin de lui de ses mains, affolé,
et à grands cris héla[2] les Cyclopes qui habitaient
dans les grottes des alentours, sur les cimes venteuses[3].
En entendant ses cris, ils accoururent de partout
et, demeurés dehors, lui demandèrent ses ennuis :
« Quel mal t'accable, Polyphème, pour que tu cries ainsi
dans la céleste[4] nuit, et nous empêches de dormir ?
Serait-ce qu'un mortel emmène malgré toi tes bêtes ?
100   Serait-ce qu'on te tue par la ruse ou la force ? »
Du fond de l'antre, le grand Polyphème répondit :
« Par ruse, et non par force, amis ! Mais qui me tue ?
                                    [Personne ! »
En réponse, on lui dit ces paroles ailées[5] :
« Si tu es seul et si nul ne te fait violence,
contre la maladie qui vient de Zeus[6], on ne peut rien.
Implore[7] donc plutôt le seigneur Poséidon, ton père ! »
Ils s'éloignèrent sur ces mots, et mon âme riait
de les voir abusés[8] par mon nom et par ma personne.
Le Cyclope, geignant[9] et torturé par la douleur,
110   vint enlever en tâtonnant le bloc d'entrée,
puis s'assit dans l'entrée en étendant les bras
pour nous prendre si nous sortions parmi les bêtes :
il me croyait, dans ses entrailles[10], assez sot pour cela !
Mais je me demandais comment nous en tirer au mieux,
cherchant quelque moyen, pour mes compagnons et
                                    [pour moi,
d'échapper à la mort. J'ourdissais[11] cent tours et cent ruses,

Pellegrino Tibaldi (1527-1596), *Ulysse et Polyphème*, fresque, 1544-1546, palais Boggi, Bologne.

car notre vie était en jeu, et le désastre proche.
Or voici le projet que mon cœur jugea le plus sage :
il avait des béliers bien nourris, d'épaisse toison[1],
120 beaux et grands, qui portaient une laine foncée :
sans bruit, je les liai avec ces osiers bien tressés
sur lesquels le géant sans justice dormait,
trois par trois ; celui du milieu porterait l'homme,
les deux autres le flanqueraient[2], sauvant mes gens.
Ainsi chaque homme était porté par trois béliers ; pour moi,
il restait un bélier plus beau que tous les autres ;
le saisissant aux reins, je me glissai sous la toison
du ventre ; accroché par les mains à sa laine admirable,
je m'y maintins[3] de toute ma vigueur, patiemment.
130 Ainsi, nous attendîmes, gémissant, l'aube divine.
Lorsque parut la fille du matin, l'aube aux doigts roses,
les béliers aussitôt bondirent vers le pâturage ;
les femelles bêlaient, qu'il n'avait traites[4], près des parcs,
le pis[5] gonflé. Rongé de malignes[6] douleurs,
le Cyclope palpait le dos de chaque bête
qui passait. Mais le sot ne sut pas deviner
qui était attaché sous le poitrail[7] laineux des bêtes.
Le dernier du troupeau, mon bélier marchait vers la porte,
alourdi par sa laine et par mon poids d'homme rusé...
140 Polyphème le grand le tâta et lui dit :
« Doux bélier, qu'y a-t-il pour que tu sortes le dernier
de l'antre ? Jusqu'ici, tu ne restais pas en arrière,
mais courais le premier paître les tendres fleurs des prés
à grands pas, le premier tu atteignais le cours des fleuves,
tu voulais être le premier de retour à l'étable
chaque soir... Te voilà le tout dernier ! Pleurerais-tu

1. Au pelage épais.
2. Se tiendraient sur les côtés.
3. Accrochai.
4. Qu'il n'avait pas pu traire.
5. Mamelle.
6. Qui s'aggravent de plus en plus.
7. Partie situé entre le cou et les pattes avant.

l'œil de ton maître ? Un scélérat[8] me l'a crevé
avec ses tristes[9] compagnons, en m'enivrant,
Personne qui, crois-moi, n'est pas encore hors de danger !
Ah ! si tu partageais mes ennuis, et, pouvant parler,   150
me soufflais où ce misérable fuit ma rage !
Alors, le crâne ouvert, sa cervelle par la caverne
arroserait le sol, mon cœur s'allégerait[10] un peu
du mal que ce pervers de Personne m'a fait ! »
Ce disant, de sa place il poussait le bélier dehors...
Quand la grotte et sa cour ne furent plus trop près,
je me dépris[11] d'abord, puis détachai mes compagnons.
Nous poussâmes les gras troupeaux aux pattes grêles[12]
vite, par cent détours, jusqu'à rejoindre enfin
le navire ; nos compagnons, réjouis de nous voir   160
réchappés de la mort, versèrent des pleurs sur les autres.
Mais, fronçant les sourcils, je leur fis signe de cesser
les pleurs, leur ordonnai de vite embarquer le troupeau
de belle laine, et de reprendre tôt[13] la mer.
Embarqués promptement, ils prirent place à leur tolet[14]
en bon ordre, et frappèrent de leur rame la mer grise.
Mais, quand on s'en trouva à la portée d'un cri,
je lançai ce discours moqueur à Polyphème :
« Ce n'était pas les compagnons d'un lâche, Polyphème !
que tu mangeas dans ton antre profond par violence !   170
Tu n'auras pas tardé à payer le prix de tes crimes,
cruel qui ne crains pas de dévorer des hôtes
en ta maison ! Zeus et les autres dieux t'en ont châtié[15] ! »
Je ne fis par ces mots qu'augmenter sa colère :
il arracha la cime d'un mont, la jeta,
elle tomba devant notre navire à la proue[16] bleue ;

8. Criminel.
9. Méprisables.
10. Se consolerait.
11. Je lâchai prise.
12. Très minces.
13. Aussitôt.
14. Tige métallique sur laquelle se pose la rame.
15. Puni.
16. Avant d'un navire.

1. Tourbillon d'eau.
2. Grande perche servant à manœuvrer une embarcation.
3. Se courbèrent.
4. Avec.
5. Rugueux.
6. Orgueilleuse.
7. Sentiment agressif envers le responsable d'une offense.
8. Privation de la vue.
9. Destructeur.
10. Annonces d'un événement.
11. Les devins connaissent le passé comme l'avenir, et servent d'intermédiaires entre les dieux et les hommes.
12. Personne qui affirme exprimer la volonté des dieux.
13. Force physique.

la chute du rocher créa un remous[1] dans la mer ;
le flot en refluant porta le bateau vers le bord,
et le courant du large nous poussa vers le rivage.
180 Mais moi, de mes deux mains empoignant une grande gaffe[2],
je résistai à la poussée ; j'encourageai mes gens
d'un signe de la tête : ils se ployèrent[3] sur leurs rames.
Mais, lorsque cet effort nous eut conduits deux fois plus loin,
j'appelai le Cyclope encore ; autour de moi, mes gens
l'un après l'autre avec des mots de miel me retenaient :
« Malheureux, que vas-tu irriter ce sauvage ?
Le voilà qui, jetant ce roc dans l'eau, a ramené
le bateau vers le bord, et nous avons failli périr !
Si jamais il entend une voix ou des cris,
190 il brisera nos crânes avec les poutres du bateau
de[4] quelque âpre[5] rocher : car il peut encor nous atteindre ! »
Ces mots ne persuadaient pas mon âme fière[6]
et je repris, l'interpellant plein de rancune[7] :
« Cyclope, si jamais quelque mortel
t'interroge sur ton affreuse cécité[8],
dis-lui que tu la dois à Ulysse, Fléau[9] des villes,
fils de Laërte et noble citoyen d'Ithaque ! »
À ces mots, il me répondit en gémissant :
« Hélas ! voilà les vieilles prédictions[10] réalisées !
200 Il y avait ici un noble et grand devin[11],
un nommé Télémos, fils d'Eurymos, très bon prophète[12],
qui vieillit parmi nous en nous prédisant l'avenir.
C'est lui qui me prédit tout ce qui vient de m'arriver,
à savoir que des mains d'Ulysse je perdrais la vue...
Mais moi je m'attendais à voir venir ici
un grand et beau guerrier, doué d'une extrême vigueur[13] :

et c'est un petit homme, un lâche, un rien du tout
qui vient me crever l'œil en me noyant de vin !
Mais viens un peu, ami, que je te fasse mon cadeau !
Je demanderai ton retour au Maître de la terre, 210
je suis son fils, il prétend m'avoir engendré.
Lui, s'il lui plaît, me guérira, personne d'autre,
ni parmi les mortels ni parmi les dieux bienheureux ! »
À ces mots, je lui dis en guise de réponse :
« Ah ! si les dieux voulaient que je te prive de la vie,
que je t'ôte le jour et t'envoie aux maisons d'Hadès[14],
aussi vrai que ce dieu ne te rendra jamais la vue ![15] »
À ces mots, il pria le seigneur Poséidon
en élevant les mains vers le ciel constellé[16] :
« Écoute, Poséidon aux cheveux bleus, Maître des terres ! 220
Si je suis vraiment ton fils, toi qui prétends m'avoir fait,
empêche de rentrer chez lui cet Ulysse, Fléau des villes !
Mais, si son sort[17] est de revoir les siens, de revenir
dans sa belle demeure et sur le sol de son pays,
que ce soit après bien des maux[18], tous ses compagnons morts,
sur un vaisseau d'emprunt[19], pour trouver chez lui d'autres
peines ! »

Telle fut sa prière, et le dieu sombre l'exauça[20].
Alors, prenant un autre bloc plus lourd encore,
il le fit tournoyer, le lança de toute sa force :
il tomba dans le dos de notre vaisseau à proue bleue, 230
manquant de peu toucher la pointe d'étambot[21] ;
la chute du rocher créa dans la mer un remous :
le flot revint, poussant le bateau vers le bord.
Mais, quand nous atteignîmes l'île où les autres bateaux
bien pontés étaient réunis, où l'équipage en larmes

L'*Odyssée*

Le dieu Poséidon

Frère de Zeus, il règne sur la mer, et déclenche les tempêtes. Sur la terre, il provoque les séismes : il est « le Maître » ou « l'Ébranleur des terres ». Son attribut est le trident. Pendant la guerre de Troie, il soutient les Grecs. Mais après l'aveuglement de Polyphème, son fils, il poursuit Ulysse de sa haine et fait tout pour retarder son retour à Ithaque.

14. Roi des morts qui règne sur les Enfers.
15. Ulysse souhaiterait que les dieux l'autorisent à tuer le Cyclope, et affirme que Poséidon ne lui rendra pas la vue.
16. Plein d'étoiles.
17. C'est le Destin qui fixe le sort des humains. Les dieux peuvent le contrarier, mais pas le modifier.
18. Malheurs.
19. Emprunté, qui ne lui appartiendra pas.
20. La réalisa.
21. Pièce où se fixe le gouvernail, à l'arrière d'un navire.

était assis autour à nous attendre,
arrivés là, nous échouâmes le bateau dans le sable.
Je débarquai du vaisseau creux les bêtes du Cyclope,
et le juste partage en fut approuvé par chacun.
240 Mes compagnons guêtrés[1] m'attribuèrent le bélier
en surplus[2], le partage fait. Je l'offris sur la grève[3]
à Zeus qui règne sur le monde, au dieu du sombre ciel,
brûlant les cuisses ; mais il dédaigna[4] l'offrande,
car il se demandait toujours comment anéantir
mes compagnons fidèles et mes navires bien pontés.
Alors, de tout le jour et jusqu'au coucher du soleil,
nous restâmes assis devant force[5] viande et vin doux.
Le soleil se coucha, le crépuscule vint,
et nous nous étendîmes sur la frange des brisants[6].

250 Lorsque parut la fille du matin, l'aube aux doigts roses,
d'un ton pressant[7], j'enjoignis[8] à mes gens
d'embarquer à leur tour et de larguer l'amarre.
Embarqués promptement, ils prirent place à leur tolet
en bon ordre, et frappèrent de leur rame la mer grise.
Nous reprîmes alors la mer avec tristesse,
heureux d'être vivants, mais pleurant nos compagnons morts.

Homère, L'*Odyssée*, extraits du chant IX,
© La Découverte, trad. Ph. Jaccottet, 2004.

1. Dont les jambes étaient protégées par des guêtres, des jambières en cuir.
2. En plus de ma part.
3. Le rivage.
4. Méprisa, se moqua de.
5. Beaucoup de.
6. Du rivage.
7. Insistant.
8. Je donnai l'ordre.

Pause lecture 2

Le supplice du Cyclope v. 1 à 108

Avez-vous bien lu ?

Le Cyclope s'appelle :

❏ Poséidon.

❏ Polyphème.

❏ Personne.

Les préparatifs (v. 1 à 68)

1 Que nous rappellent les dimensions du gourdin (v. 14) ? Montrez qu'Ulysse et ses compagnons sont à la fois habiles et rusés.

2 Le lecteur comprend-il pourquoi Ulysse ne donne pas son vrai nom ?

3 Que pensez-vous du cadeau du Cyclope à Ulysse ?

L'aveuglement du Cyclope (v. 69 à 100)

4 Comment Ulysse aveugle-t-il le Cyclope ? Combien de vers racontent le supplice de Polyphème ? Quels effets produit ce récit détaillé ?

5 Quelles sont les comparaisons utilisées ? À quoi servent-elles ?

« Qui me tue ? » (v. 101 à 108)

6 Comment fonctionne le piège tendu par d'Ulysse, des vers 102 à 106 ?

7 De quelles qualités Ulysse a-t-il fait preuve dans cet épisode ?

Évasion   v. 109 à 166

Avez-vous bien lu ?

Ulysse et ses compagnons sortent de l'antre :

❏ dissimulés sous des osiers tressés.

❏ dissimulés sous le ventre des béliers.

❏ à califourchon sur le dos des béliers.

« Comment nous en tirer » ?

1. Retrouvez où le vers 118 a déjà été cité. Sur quoi met-il l'accent ?

2. Comment Ulysse sort-il de la grotte ? La ruse qu'il imagine pour lui-même est-elle aussi sûre que pour ses compagnons ? Que pouvons-nous en conclure ?

La sortie de la grotte

3. Quels détails entretiennent le suspense sur la réussite de l'évasion ?

4. Que révèlent les paroles de Polyphème au bélier (v. 141 à 154) ? Que laissent-elles présager pour Ulysse ?

Sauvés !

5. Combien de compagnons d'Ulysse sont morts ? Quel butin les Grecs ont-ils pris au Cyclope ?

6. Comment se manifeste le pouvoir d'Ulysse sur ses compagnons ?

Provocations et malédictions v. 167 à 256

Avez-vous bien lu ?

Pour maudire Ulysse, Polyphème s'adresse :

❏ à Zeus.

❏ à Hadès.

❏ à Poséidon.

Provocations (v. 167 à 197)

1 Quels traits de caractère se manifestent dans les paroles et le comportement d'Ulysse ?

2 Quelle est la réaction du Cyclope ? Que nous rappelle sa riposte (v. 175 à 179) ?

Qu'est-ce qu'un héros ? (v. 198 à 217)

3 Que nous apprend sur Ulysse la réponse du Cyclope aux vers 199 à 213 ? Quelle image Polyphème se fait-il d'un héros ?

4 Envers qui les dernières paroles d'Ulysse au Cyclope (v. 215 à 217) sont-elles irrespectueuses ? Que vont-elles entraîner ?

5 Pourquoi les prédictions du devin Télémos n'ont-elles servi à rien ?

Malédictions et présages (v. 218 à 256)

6 Quelle malédiction Polyphème lance-t-il à Ulysse ? Sera-t-elle exaucée ? Justifiez votre réponse en citant le texte.

Vers l'expression

Vocabulaire

1. Expliquez la formation des adverbes *soigneusement* (v. 23) et *patiemment* (v. 129), puis justifiez leur orthographe.

2. a. Sur quels adjectifs les formes verbales suivantes sont-elles formées ?
Alourdi (v. 139) – *allégerait* (v. 153).
b. Formez de la même façon les verbes dérivés des adjectifs suivants.
Doux – rond – faible.

À vous de jouer

✒ Expression écrite

Imaginez une nouvelle étape du périple d'Ulysse, face à un ou plusieurs monstres de votre invention que vous décrirez. N'oubliez pas que la monstruosité n'est pas seulement physique.

💬 Expression orale

1. Le Cyclope est-il complètement « sauvage » (v. 186) ?
2. Qu'est-ce qu'un « héros » ? Ulysse en est-il un, selon vous ?

✒ Recherches

1. Le Cyclope est parfois considéré comme la personnification d'un volcan : quels détails du texte justifient cette interprétation ?
2. Dans l'ensemble du récit, relevez des expressions qui vous paraissent poétiques. Quelles sont les plus belles, selon vous ?

Du texte à l'image

Observez ces tableaux → voir dossier images p. III et IV

Arnold Böcklin (1827-1901),
Ulysse et Polyphème (1896),
gouache sur papier (39,1 cm x 143,2 cm),
collection particulière.

Jean-Léon Gérôme (1824-1904),
Polyphème (v. 1902),
huile sur toile, (61 cm x 100 cm),
collection particulière.

1. À quel épisode de l'*Odyssée* ces deux tableaux se rattachent-ils ? Quels éléments vous permettent de répondre ?

2. Comparez les deux représentations : quels sont les points communs et les différences concernant :
   a. Le Cyclope ? – **b.** Ulysse et ses compagnons ? – **c.** le navire ? – **d.** le paysage et la mer ?

3. Lequel des deux tableaux vous semble le plus proche du texte de l'*Odyssée* ? Lequel des deux préférez-vous ? Justifiez vos réponses.

Enseigne dans la cité médiévale de Conflans en Savoie, France.

Jacob et Wilhelm Grimm

Le Vaillant Petit Tailleur

1812

Traduction de Marthe Robert

© Gallimard, 1973

Qui êtes-vous, Jacob et Wilhelm Grimm ?

Pourquoi parle-t-on toujours des « frères Grimm » ?

Nous sommes les deux aînés d'une famille allemande de six enfants. Jacob est né en 1785 et Wilhelm en 1786 à Hanau. Nous avons perdu notre père dès 1796. Notre famille a fait des sacrifices pour que nous allions au lycée à Cassel, puis à la faculté de droit de Marbourg. Nous y avons partagé la même chambre, et avons travaillé ensemble comme nous le ferons toute notre vie. Chacun de nous a écrit une œuvre personnelle, mais les célèbres *Contes* sont notre réalisation commune.

> « *Des passionnés de l'histoire et de la langue allemandes.* »

Ces *Contes* sont-ils votre seule œuvre ?

Nous avons exercé diverses fonctions dans la haute administration, puis comme bibliothécaires et enseignants, à Cassel, à Göttingen, à Berlin. Mais l'essentiel, pour nous, était nos recherches sur la langue allemande et son histoire. Nous avons publié et étudié de nombreux textes anciens : *Légendes allemandes*, *Grammaire allemande*, *Mythologie allemande* et un ambitieux *Dictionnaire de la langue allemande*. Commencé en 1838, il a été publié à partir de 1852. Même avec nos 80 collaborateurs, nous l'avons mené jusqu'à... la lettre F uniquement.

Pourquoi vous êtes-vous intéressés aux contes ?

Nous avons commencé à découvrir l'histoire de notre peuple et de sa langue quand un de nos professeurs de droit nous a ouvert sa bibliothèque. Chez lui, nous avons rencontré l'écrivain Brentano, qui collectait de vieilles chansons. Sous son influence, nous avons lu la littérature médiévale et la littérature populaire, souvent transmise oralement. Nous avons alors entrepris de rassembler des contes populaires en les retranscrivant tels que les racontaient les gens du peuple.

Comment avez-vous retrouvé ces histoires ?

Nous avons cherché dans des livres mais nous avons surtout écouté des récits oraux de personnes de notre famille, d'amis et de relations. Chacun a essayé de se souvenir de ce que racontaient les nourrices et les domestiques. Nous avons recueilli d'autres histoires auprès de divers conteurs, comme Dorothea Viehmann. Fille d'un propriétaire de taverne, elle avait entendu les contes racontés par les clients de son père. Elle les racontait de mémoire, sans en changer un seul mot !

Avez-vous modifié ces contes pour les publier ?

Nous nous sommes fixé comme règle de les modifier aussi peu que possible, car nous pensons qu'ils reflètent la mentalité du peuple, sa simplicité, qu'ils sont naturellement profonds et poétiques. Mais nous avons tout de même fait en sorte de rendre leur lecture facile et plaisante, et nous y avons introduit quelques leçons utiles aux enfants. C'est surtout Wilhelm qui s'est consacré à ce travail de récriture. Il a contribué à l'extraordinaire succès de cette œuvre sans cesse lue et traduite. ■

« *Une vie passée à collecter des récits populaires.* »

Wilhelm Grimm est mort en 1859, Jacob en 1863. Leur Dictionnaire de la langue allemande *a été achevé en... 1961 ! Mis à jour jusqu'en 2012, il est actuellement consultable en ligne.*

Qui sont les personnages ?

Le petit tailleur

Mis en confiance par un premier exploit, il part à la conquête du monde. Sans jamais perdre sa bonne humeur, il affronte les épreuves.

➤ *Jusqu'où le mènera son audace ?*

Les géants

Ils sont impressionnants par leur taille et leurs mœurs cruelles.

➤ *Et si la force ne suffisait pas ?*

Le roi

Il promet sa fille en mariage et la moitié de son royaume au petit tailleur s'il le débarrasse des monstres.

➤ *Tiendra-t-il sa parole ?*

Par un matin d'été, un petit tailleur, assis sur sa table, près de la fenêtre, était de bonne humeur et cousait de toutes ses forces. Et voilà qu'une paysanne descendit la rue en criant : « Marmelade, bonne marmelade à vendre ! » Ce fut bien agréable à l'oreille du petit tailleur, il passa sa tête menue[1] par la fenêtre et cria : « Montez, bonne femme, on va vous débarrasser de votre marchandise ! » La femme monta les trois étages avec son lourd panier et dut déballer devant lui tous ses pots. Il les examina tous, les leva en l'air, y mit le nez et dit enfin : « La marme- 10 lade m'a l'air bonne, pesez-m'en donc quatre onces[2], ma bonne femme, même si ça fait un quart de livre[3] ça m'est égal. » La femme, qui avait espéré faire une bonne vente, lui donna ce qu'il demandait, mais s'en fut toute fâchée et en bougonnant[4]. « À présent, Dieu bénisse ma confi- ture, s'écria le petit tailleur, et qu'elle me donne force et vigueur ! » Il alla prendre le pain de la miche[5] et y tartina la marmelade. « Ça ne va pas être mauvais, dit-il, mais avant d'y mettre la dent, je vais finir mon pourpoint[6]. » Il posa le pain à côté de lui, continua de coudre et, de 20 plaisir, fit des points de plus en plus grands. Cependant l'odeur de la confiture sucrée montait le long des murs où il y avait une grande quantité de mouches, si bien qu'elles furent attirées et vinrent en troupe s'abattre des- sus. « Hé, qui vous a donc invitées ? » dit le petit tailleur et il chassa ses convives importuns[7]. Mais les mouches, qui ne comprenaient pas l'allemand, ne se laissèrent pas écarter et revinrent au contraire en compagnie de plus

1. Petite.
2. Unité de poids (environ 30 grammes).
3. Unité de poids (500 grammes).
4. Murmurant entre ses dents avec mauvaise humeur.
5. Gros pain rond.
6. Veste courte et rembourrée portée sous l'armure.
7. Gênants.

1. Sans pitié.
2. Une personne vigoureuse, un costaud.
3. De cette valeur.
4. S'agite.
5. Son courage.
6. Parcourir.
7. Agile.
8. Avec assurance et un peu d'insolence.
9. Lui adressa la parole.

en plus nombreuse. Alors la moutarde, comme on dit, finit par monter au nez du petit tailleur, il attrapa un bout de drap dans sa corbeille à chiffons et « attendez un peu que je vous en donne ! », il tapa dessus impitoyablement[1]. Quand il retira le chiffon et compta, il n'en vit pas moins de sept, mortes sous ses yeux, les pattes en l'air. « Serais-tu donc un gaillard[2] de cette trempe[3] ? dit-il, forcé lui-même d'admirer sa vaillance, il faut que toute la ville sache cela. » Et en grande hâte, le petit tailleur se coupa une ceinture, la cousit et y broda en grandes lettres : « Sept d'un coup ! » « Eh quoi, la ville ? dit-il, non, c'est le monde entier qui doit le savoir. » Et de plaisir, son cœur se trémoussait[4] dans sa poitrine comme la queue d'un petit agneau.

Le tailleur se noua la ceinture autour du corps et décida d'aller courir le vaste monde, parce qu'il pensait que son atelier était trop petit pour sa bravoure[5]. Avant de partir, il chercha s'il n'y avait pas dans sa maison quelque chose à emporter, mais il ne trouva rien d'autre qu'un vieux bout de fromage qu'il fourra dans sa poche. Devant la porte, il aperçut un oiseau qui s'était pris dans un buisson, l'oiseau dut aller retrouver le fromage dans sa poche. Puis il se mit bravement à arpenter[6] la route, et comme il était léger et preste[7], il ne ressentait pas de fatigue.

Son chemin le conduisit en haut d'une montagne et quand il en atteignit le sommet, voici qu'un énorme géant y était assis et promenait tranquillement ses regards alentour. Le petit tailleur alla hardiment[8] à lui, l'interpella[9] et lui dit : « Bonjour, camarade, hein, te voilà en train de contempler le vaste monde ? Je suis justement en train de m'y rendre pour y tenter ma chance. As-tu envie de venir avec moi ? » Le géant toisa[10] le tailleur d'un air dédaigneux[11] et dit : « Pouilleux ! Pitoyable avorton[12] !

– Par exemple ! répondit le petit tailleur en déboutonnant son habit et en montrant sa ceinture au géant, tiens ! Lis donc là quel gaillard je suis ! » Le géant lut : « Sept d'un coup ! », pensa que c'étaient des hommes que le tailleur avait assommés, et se sentit un peu de respect pour le petit luron[13]. Pourtant il voulut d'abord le mettre à l'épreuve, prit une pierre dans sa main et la pressa tellement qu'il en sortit de l'eau. « Fais-en autant, dit le géant, si tu en as la force.

– Si ce n'est que ça, dit le tailleur, pour nous autres c'est un jeu d'enfant », il mit sa main dans sa poche, y prit le fromage mou et le serra de manière à en exprimer[14] le jus. « Hein ! fit-il, c'est un peu plus fort ? » Le géant ne sut que dire, il n'aurait jamais cru ça de ce petit homme. Alors il ramassa une pierre et la lança si haut qu'on pouvait à peine la suivre des yeux. « Eh bien, mon petit caneton, fais-en donc autant !

– Bien lancé, dit le tailleur, mais ta pierre, il a bien fallu qu'elle retombe après, moi, je vais t'en lancer une qui ne reviendra pas du tout. » Il mit la main dans sa poche, y prit l'oiseau et le jeta en l'air. Ravi d'être libre, l'oiseau s'éleva, prit son vol et ne revint plus. « Qu'est-ce que tu dis de mon petit tour, camarade ? demanda le tailleur.

– Quant au lancer, tu t'y entends, dit le géant, mais maintenant nous allons voir si tu es capable de porter un poids convenable. » Il conduisit le tailleur auprès d'un chêne puissant qui était abattu et gisait[15] par terre, et dit : « Si tu es assez fort, aide-moi à sortir cet arbre du bois.

Les géants, ancêtres des hommes

Dans la mythologie grecque, les Géants (*Gigantès*) sont les fils de Gaïa et Ouranos (la Terre et le Ciel). Immenses et invincibles, ils ne peuvent être tués que par l'alliance d'un dieu et d'un mortel. Poussés par leur mère, ils déclarent aux dieux de l'Olympe une guerre appelée gigantomachie. Chaque dieu viendra à bout d'un Géant grâce à l'aide d'Héraclès.

---

10. Regarda de haut, avec mépris.
11. Méprisant.
12. Petit individu faible, maigrichon.
13. Garçon décidé et gai.
14. Faire sortir.
15. Était couché.

– Volontiers, répondit le petit bonhomme, tu n'as qu'à prendre le tronc sur tes épaules, je soulèverai les branches avec tout le feuillage et je les porterai, c'est bien le plus lourd. » Le géant prit le tronc sur ses épaules, mais le tailleur s'assit sur une maîtresse branche[1] et le colosse[2], qui ne pouvait pas se retourner, dut emporter tout l'arbre et le tailleur par-dessus le marché. Celui-ci était tout guilleret[3] et de bonne humeur là-derrière, il sifflotait la chansonnette « Trois tailleurs s'en allaient à cheval », comme si porter un arbre n'était qu'un jeu d'enfant. Après avoir traîné sa lourde charge un bout de chemin, le géant ne put pas continuer et s'écria : « Écoute, il faut que je lâche l'arbre ! » Le tailleur sauta prestement par terre, prit l'arbre à deux bras comme s'il l'avait porté et dit au géant : « Un grand gaillard comme toi, tu ne peux même pas porter cet arbre ! »

Ils continuèrent de cheminer[4] ensemble, et comme ils passaient près d'un cerisier, le géant saisit la cime de l'arbre, là où il y avait les fruits les plus mûrs, la courba, la mit dans la main du petit tailleur et lui dit d'en manger. Mais le petit tailleur était bien trop chétif[5] pour tenir l'arbre et quand le géant le lâcha, il se redressa et le tailleur fut projeté en l'air. Quand il fut retombé sans mal, le géant dit : « Qu'est-ce que ça veut dire ? Tu n'as pas la force de tenir cette misérable badine[6] ?

– Ce n'est pas la force qui me manque, répondit le petit tailleur, penses-tu que ce soit une affaire pour quelqu'un qui en a occis[7] sept d'un coup ? J'ai bondi par-dessus l'arbre parce que les chasseurs là, en bas, sont en train de tirer dans le fourré[8], saute derrière moi si tu peux. »

1. Branche principale.
2. Géant.
3. Gai.
4. D'avancer.
5. Faible.
6. Baguette.
7. Tué.
8. Buisson.

Le vaillant petit tailleur fait croire à sa force par la ruse,
lithographie d'Offterdinger, vers 1885.

Le géant essaya, mais, il ne put passer par-dessus l'arbre
et resta accroché dans les branches, si bien que le petit
tailleur garda encore l'avantage.

Le géant dit : « Puisque tu es un gars si courageux,
viens avec moi dans notre caverne et passe la nuit avec
nous. » Le petit tailleur se montra disposé à le suivre.
Quand ils arrivèrent dans la caverne, ils trouvèrent
d'autres géants assis près de l'âtre, et chacun d'eux avait
en main un mouton rôti où il mordait à belles dents. Le
petit tailleur inspecta les lieux et pensa : « C'est vraiment
beaucoup plus spacieux[1] que mon atelier. » Le géant lui
désigna[2] un lit, en lui disant de s'y coucher et de dormir
tout son soûl[3]. Mais le lit était beaucoup trop vaste pour le
petit tailleur, il ne se mit pas dedans et alla se blottir dans
un coin. Quand il fut minuit et que le géant crut le petit
tailleur profondément endormi, il se leva, prit une grosse
barre de fer, en donna un coup sur toute la largeur du lit,
et crut avoir achevé le marmouset[4]. Dès l'aube les géants
partirent pour la forêt, et ils avaient complètement oublié
le petit tailleur quand, tout à coup, ils le virent venir d'un
air tout joyeux et téméraire[5]. Ils prirent peur, craignirent
d'être tous assommés et s'enfuirent à toutes jambes.

Le petit tailleur continua son chemin, toujours le nez
en l'air. Après avoir cheminé longtemps, il se trouva dans
la cour d'un palais royal et comme il se sentait las, il se
coucha dans l'herbe et s'endormit. Pendant qu'il dormait,
des gens arrivèrent, le regardèrent sur toutes les faces et
lurent sur sa ceinture : « Sept d'un coup ! » « Ah, dirent-
ils, que vient faire ici ce grand guerrier, en pleine paix ?
Ce doit être un puissant seigneur. » Ils allèrent rapporter

1. Vaste.
2. Montra.
3. Autant qu'il voudrait.
4. Gamin.
5. Intrépide.

la chose au roi et lui dirent qu'au cas où la guerre écla- 150
terait, ce serait là un personnage important et utile qu'il
ne fallait laisser partir à aucun prix. Le conseil plut au
roi, et il envoya au petit tailleur l'un de ces courtisans[6]
qui, à son réveil, devait lui offrir de prendre du service
dans l'armée. L'ambassadeur[7] resta auprès du dormeur,
attendant qu'il s'étirât et ouvrît les yeux, puis il lui fit sa
proposition. « C'est justement pour cela que je suis venu,
répondit-il, je suis prêt à me mettre au service du roi. »
On le reçut donc avec tous les honneurs et on lui assigna[8]
une demeure particulière.

Mais les militaires étaient montés[9] contre le petit tail- 160
leur et le souhaitaient à mille lieues[10] de distance. « Que
va-t-il sortir de là ? se disaient-ils dans leurs conciliabules[11],
si nous lui cherchons noise[12] et qu'il cogne, il en tombera
sept à chaque coup. Dans ces conditions, nous ne pour-
rons pas lui tenir tête. » Ils prirent donc une résolution[13],
allèrent tous ensemble trouver le roi et lui demandèrent
leur congé[14]. « Nous ne sommes pas faits, dirent-ils, pour
vivre à côté d'un homme qui vous en assomme sept d'un
coup. » Le roi fut attristé de perdre tous ses fidèles ser- 170
viteurs à cause d'un seul, il souhaita que ses yeux ne
l'eussent jamais vu et se serait volontiers débarrassé de
lui. Mais il n'osait pas lui signifier son congé[15], parce qu'il
avait peur que le tailleur ne le tuât, lui et les siens, et ne
montât sur le trône. Il retourna le problème en tous sens
et finit par trouver un expédient[16]. Il envoya quelqu'un au
petit tailleur, et lui fit dire que, puisqu'il était un si grand
guerrier, il allait lui faire une proposition. Dans une forêt
de son royaume habitaient deux géants qui causaient de

6. Personne attachée au service du roi à la cour.
7. Représentant du roi.
8. Donna.
9. En colère.
10. Ancienne mesure de distance, environ 4 km.
11. Réunions secrètes.
12. Provoquons une dispute.
13. Décision.
14. La permission de partir.
15. Le renvoyer.
16. Une solution habile.

grands dégâts en volant, tuant, grillant et incendiant, personne ne pouvait approcher d'eux sans se mettre en danger de mort. S'il triomphait de ces deux géants et les tuait, il lui donnerait sa fille unique en mariage, et la moitié de son royaume en dot[1] ; de plus, cent cavaliers l'accompagneraient et lui prêteraient main forte[2]. « Ce ne serait pas mal pour un homme comme toi, se dit le petit tailleur, on ne vous offre pas tous les jours une jolie princesse et la moitié d'un royaume.

– Oh, oui, je me charge de mater[3] les géants, et je n'ai pas besoin pour cela de cent reîtres[4]. Qui en abat sept d'un coup n'a pas de raison d'en craindre deux. »

190

Le petit tailleur se mit en route, suivi des cent cavaliers. Arrivé à l'orée[5] du bois, il dit à ses compagnons : « Faites donc halte[6] ici, je viendrai bien à bout des géants tout seul. » Il entra d'un bond dans la forêt et regarda de droite et de gauche. Au bout d'un petit moment, il aperçut les géants couchés sous un arbre, ils dormaient et ronflaient si fort qu'ils faisaient monter et descendre les branches. Vivement, le petit tailleur remplit ses deux poches de pierres et grimpa dans l'arbre. Quand il fut au

200

milieu, il se laissa glisser le long d'une branche pour arriver juste au-dessus des dormeurs, et fit tomber ses pierres l'une après l'autre sur la poitrine de l'un d'eux. Pendant longtemps le géant ne sentit rien, mais finalement il se réveilla, donna une bourrade[7] à son compagnon et dit : « Pourquoi me bats-tu ?

– Tu rêves, dit l'autre, je ne te bats pas. » Ils s'allongèrent de nouveau pour dormir, mais alors le tailleur jeta

1. Cadeau de mariage donné par la famille de l'épouse.
2. L'aideraient.
3. Dompter.
4. Guerriers.
5. Au bord.
6. Arrêtez-vous.
7. Un coup.

Ulysse et ses compagnons aveuglant Polyphème

Hydrie de Caere (550-525 av. J.-C.),
Rome, Museo Nazionale Etrusco di Villa Giulia.

I

Dossier images

Ulysse dans la grotte de Polyphème

de Jacob Jordaens (1593-1678),
huile sur panneau (1630-1635), [61 x 97 cm],
Moscou, Musée Pouchkine.

II

Dossier images

Ulysse et Polyphème

d'Arnold Böcklin (1827-1901),
gouache sur papier (1896), [39,1 x 143,2 cm],
collection particulière.

III

Dossier images

Polyphème

de Jean-Léon Gérôme (1824-1904),
huile sur toile (v. 1902), [61 x 100 cm],
collection particulière.

IV

Illustration pour
Le Vaillant Petit Tailleur

de Filiberto Scarpelli (1870-1933),
gravure, vers 1920.

V

Dossier images

Tenture de la Dame à la licorne. La Vue

Tapisserie, laine et soie, XVᵉ siècle, (3,12 x 3,30 m env.),
Paris, musée de Cluny.

VI

Une du Journal illustré *du 1er-8 avril 1866,
annonçant la parution des* Travailleurs de la mer
gravure de H. de Hem (1825-1890 ?).

Dossier images

La Pieuvre

de Victor Hugo (1802-1885),
dessin, plume, pinceau, encre
brune et lavis sur papier crème
(1866), [35,7 x 25,9 cm],
Paris, BNF.

VIII

une pierre sur le second. « Qu'est-ce que ça veut dire ? s'écria l'autre, pourquoi me lances-tu des pierres ?

– Je ne te lance pas de pierres », répondit le premier 210 en bougonnant. Ils se chamaillèrent[8] un moment, mais comme ils étaient fatigués, ils en restèrent là et leurs yeux se refermèrent. Le petit tailleur recommença son manège[9], il choisit la pierre la plus grosse et la jeta de toutes ses forces sur la poitrine du premier géant. « C'est trop fort ! » s'écria-t-il, il se leva comme un fou, et poussa violemment son compagnon contre l'arbre, qui en trembla. L'autre lui rendit la monnaie de sa pièce[10] et ils entrèrent dans une telle fureur qu'ils arrachèrent les arbres et cognèrent l'un sur l'autre, tant et si bien qu'ils tombèrent morts en même temps. Alors le petit tailleur 220 sauta par terre. « Une chance, dit-il, qu'ils n'aient pas arraché l'arbre où j'étais perché, sans quoi j'aurais dû sauter sur un autre à la manière d'un écureuil, mais nous sommes lestes[11], nous autres ! » Il tira son épée et en assena[12] quelques bons coups dans la poitrine de chacun, puis il sortit du bois pour retrouver ses cavaliers et dit : « L'ouvrage[13] est fait, je leur ai donné à tous deux le coup de grâce[14]. Mais l'affaire a été rude, dans le péril[15] ils ont déraciné des arbres, pourtant tout cela ne sert de rien quand il en vient un comme moi qui en abats sept 230 d'un coup.

– Vous n'êtes donc pas blessé ? demandèrent les cavaliers.

– Pas de danger, ils n'ont pas touché à un cheveu de ma tête. »

Les géants qui s'entretuent

Dans la mythologie grecque, Cadmos, sur le point de fonder la ville de Thèbes, tue un dragon gardien d'une fontaine. La déesse Athéna lui conseille de semer les dents du dragon. Des soldats tout armés surgissent des sillons et menacent Cadmos. Il lance des pierres au milieu d'eux : les soldats s'accusent mutuellement de l'attaque et tous s'entretuent, sauf cinq qui aident Cadmos à fonder la ville.

8. Se disputèrent.
9. Sa ruse.
10. Fit la même chose.
11. Agiles.
12. Donna.
13. Le travail.
14. Le dernier coup, celui qui tue.
15. Danger.

Les cavaliers ne voulurent pas le croire, et entrèrent dans la forêt ; ils y trouvèrent les géants baignant dans leur sang, au milieu des arbres arrachés.

Le petit tailleur demanda au roi la récompense promise, mais celui-ci, qui regrettait sa promesse, chercha un nouveau moyen de se débarrasser du héros : « Avant d'obtenir ma fille et la moitié de mon royaume, dit-il, il te faut accomplir un nouvel exploit. Dans la forêt, il y a une licorne qui fait de grands dégâts, il faut d'abord me l'attraper.

– Je crains encore moins une licorne que deux géants ; sept d'un coup, voilà mon affaire. » Il emporta une corde et une hache, alla à la forêt et dit encore une fois à ceux qu'il avait sous ses ordres de l'attendre dehors. Il n'eut pas à chercher longtemps, la licorne ne tarda pas à se montrer et bondit tout droit sur le tailleur, comme si elle voulait sans plus de façons l'embrocher[1]. « Doucement, doucement, dit-il, ça ne se fait pas si vite que ça », il s'arrêta et attendit que la bête arrivât tout près de lui, puis il bondit prestement derrière un arbre. La licorne donna de toute sa force contre[2] l'arbre et enfonça sa corne si profondément dans le tronc qu'elle n'eut pas assez de force pour la retirer et se trouva prise. « Je tiens l'oiseau », dit le tailleur, il sortit de derrière son arbre, passa d'abord sa corde au cou de la licorne, puis, à coups de hache il dégagea la corne du tronc, et quand tout fut réglé, il emmena la bête et la conduisit au roi.

Le roi ne voulut pas encore lui accorder la récompense promise et exprima une troisième exigence[3]. Avant ses noces, le tailleur devrait encore lui attraper un sanglier

1. Le traverser de sa corne.
2. Heurta violemment.
3. Condition.

qui causait de grands dégâts dans la forêt ; les chasseurs lui prêteraient main forte. « Bien, dit le tailleur, ce n'est qu'un jeu d'enfant. » Il n'emmena pas les chasseurs dans le bois et ils en furent bien contents, car le sanglier les avait déjà accueillis souvent d'une manière qui leur ôtait l'envie de se mettre à sa poursuite. Quand le sanglier aperçut le tailleur, il fonça sur lui, l'écume à la gueule, en s'aiguisant les dents, et voulut le jeter par terre. Mais le héros sauta avec agilité dans une chapelle voisine et, d'un bond, ressortit aussitôt par la fenêtre du haut. Le sanglier l'avait suivi, mais le tailleur fit le tour par-dehors et ferma la porte sur lui ; alors l'animal furieux, bien trop lourd et maladroit pour sauter par la fenêtre, se trouva pris. Le tailleur appela les chasseurs, pour qu'ils voient de leurs propres yeux l'animal prisonnier. Le héros, quant à lui, s'en alla trouver le roi qui, bon gré mal gré, dut alors tenir sa promesse et lui donna sa fille et la moitié de son royaume. S'il avait su qu'il n'avait pas devant lui un grand guerrier, mais un petit tailleur, il eût été encore plus affecté[4]. Les noces furent donc célébrées en grande pompe[5] et petite joie et l'on fit un roi d'un petit tailleur.

Quelque temps après, la jeune reine entendit son époux parler en rêve, la nuit : « Fais-moi ce pourpoint, garçon, et ravaude[6]-moi cette culotte, ou bien je te casse mon aune[7] sur les oreilles. » Elle comprit alors dans quelle ruelle le jeune seigneur était né, le lendemain elle confia son chagrin à son père et le pria de l'aider à se débarrasser d'un mari qui n'était rien de plus qu'un tailleur. Le roi la consola et lui dit : « La nuit prochaine, laisse la porte

270

280

290

4. Troublé.
5. Solennellement.
6. Raccommode.
7. Bâton carré utilisé pour mesurer les tissus.

1. L'attacheront.
2. Jeune noble au service du roi.
3. Dévoué.
4. Révéla.
5. Faisait semblant.
6. Tué.
7. Partirent à toute vitesse.
8. Derrière eux.

de ta chambre ouverte, mes serviteurs se tiendront dehors et quand il sera endormi, ils entreront, le ligoteront[1] et le porteront sur un navire qui l'emmènera dans le vaste monde. » La femme se montra satisfaite, mais l'écuyer[2] du roi, qui avait tout entendu, était attaché[3] à son jeune maître et lui dénonça[4] tout le complot. « Je mettrai obs-

300 tacle à la chose », dit le tailleur. Le soir, il alla se coucher avec sa femme à l'heure habituelle. Quand elle le crut endormi, elle se leva, ouvrit la porte et se recoucha. Le petit tailleur, qui feignait[5] seulement de dormir, se mit à crier d'une voix claire : « Fais-moi ce pourpoint, garçon, et ravaude-moi cette culotte, ou bien je te casse mon aune sur les oreilles ! J'en ai occis[6] sept d'un coup, j'ai tué deux géants, capturé une licorne, pris un sanglier, et j'aurais peur de ceux qui sont en ce moment dehors, devant ma chambre ? » Quand ceux-ci entendirent le tailleur parler

310 ainsi, ils furent pris d'une grande frayeur, ils détalèrent[7] comme s'ils avaient la chasse infernale à leurs trousses[8], et pas un ne voulut plus se risquer à l'attaquer. C'est ainsi que le petit tailleur devenu roi le resta toute sa vie.

© Gallimard.

Pause lecture 3

« *Sept d'un coup !* » l. 1 à 52

📖 *Avez-vous bien lu ?*

Pour partir en voyage, le petit tailleur emporte :

❏ un pourpoint et un pot de marmelade.

❏ un pot de moutarde et un morceau de fromage.

☒ un morceau de fromage et un oiseau.

La tartine de confiture (l. 1 à 21)

1 Où et quand commence le conte ? Les indications de lieu et de temps sont-elles précises ? Que sait-on du petit tailleur ?

2 Que demande le tailleur dans sa prière (l. 15 à 17) ? Pourquoi fait-il cette demande, selon vous ?

3 Quels traits de caractère du tailleur apparaissent des lignes 1 à 21 ?

« Un gaillard de cette trempe » (l. 22 à 45)

4 Que pensez-vous de la réaction du petit tailleur quand il découvre les sept mouches mortes ?

5 Des lignes 35 à 45, relevez les mots qui évoquent le courage : qui les emploie ? Sont-ils justifiés ?

En route pour le « vaste monde » (l. 43 à 52)

6 Pourquoi le petit tailleur décide-t-il d'aller « courir le vaste monde » ?

7 Ce début de conte est-il triste ou gai ? Justifiez votre réponse. À quelle suite vous attendez-vous ?

Face aux géants | l. 53 à 241

Avez-vous bien lu ?

Dans leur antre, les géants mangent :

❏ des fromages.

☒ des moutons.

❏ des hommes.

Les épreuves du « camarade » géant (l. 53 à 121)

1 Quelles sont les épreuves imposées par le géant ? Par quels moyens le petit tailleur les réussit-il ?

2 Quels sont les défauts du géant ?

Dans la caverne (l. 122 à 140)

3 Quelle impression fait la caverne des géants sur le petit tailleur ? Est-ce une impression attendue ?

4 À quoi le petit tailleur doit-il d'être encore en vie au matin ? Les géants sont-ils effrayants ? Sont-ils dangereux ?

« Un grand guerrier » (l. 141 à 241)

5 Pourquoi la formule « Sept d'un coup ! » est-elle efficace à chaque rencontre que fait le tailleur ?

6 Que pensez-vous de la réponse du tailleur aux lignes 156 à 158 ?

7 Comment le tailleur se débarrasse-t-il des deux géants de la forêt ?

La conquête du royaume l. 242 à 316

Avez-vous bien lu ?

Pour maîtriser la licorne, le petit tailleur :

❏ l'enferme dans une chapelle.

☑ lui passe une corde au cou.

❏ lui donne des coups d'épée dans la poitrine.

La fin des monstres

1 Après la mort des géants, quelles épreuves le petit tailleur doit-il affronter ? Le roi a-t-il tenu sa promesse ? Pourquoi ?

2 Quels défauts les monstres affrontés par le héros ont-ils en commun ? Comment le tailleur les exploite-t-il ?

De nouveaux « monstres » ?

3 Le mariage met-il fin aux épreuves du tailleur ? À quels nouveaux « monstres » doit-il faire face ?

4 Le tailleur reçoit-il de l'aide ? Pourquoi ? De quelle qualité est-il ainsi récompensé ?

5 Le héros du conte sera-t-il, à votre avis, un roi meilleur que le précédent ? Pourquoi ?

Qui sont les monstres ?

6 Faites la liste de tous les monstres que le petit tailleur a vaincus. Quels sont les plus effrayants ?

7 Comparez le début et la fin du conte : quelles leçons peut-on tirer du parcours du petit tailleur ?

Vers l'expression

Vocabulaire

1. « Quant au lancer, tu t'y entends » (l. 84). Donnez un homophone de *quant*, puis employez-le dans une phrase.

2. *Honneurs* (l. 158) : trouvez un adjectif et un verbe de la même famille. Que remarquez-vous ?

3. Quelle est la différence entre *siffloter une chansonnette* (l. 96-97) et *siffler une chanson* ?
Transformez sur le même modèle l'expression *taper sur une cloche*.

À vous de jouer

Expression écrite

Imaginez une nouvelle épreuve pour le vaillant petit tailleur qui sauvera sa vie grâce à son intelligence et à sa ruse.

Expression orale

Quels sont les points communs et les différences entre Ulysse et le petit tailleur ? Quel héros préférez-vous ?

Recherche et exposé

1. Dans la mythologie grecque, Héraclès (= Hercule) a dû affronter un sanglier. Expliquez pourquoi, et racontez comment il est venu à bout de ce monstre.
2. Pour illustrer votre exposé, cherchez au CDI et sur Internet des images antiques représentant cet épisode.

Du texte à l'image

Observez cette illustration ➜ voir dossier images p. V

1. À quel moment du conte l'illustration renvoie-t-elle ?
2. Comment les géants sont-ils disposés dans la page ? Quel est l'effet produit ?
3. Comment la différence de taille entre les personnages est-elle mise en valeur ?
4. Scarpelli est un dessinateur *satirique* : cherchez le sens de cet adjectif. Ce dessin vous semble-t-il satirique ?

Filiberto Scarpelli (1870-1933), illustration pour *Le Vaillant Couturier*, vers 1920.

Observez cette tapisserie ➜ voir dossier images p. VI

1. Faites l'inventaire de tous les éléments que vous voyez sur l'image. Lesquels sont imaginaires ?
2. Relisez page 50 l'encadré sur la licorne. Quels éléments retrouvez-vous sur l'image ? Quels éléments supplémentaires remarquez-vous ?
3. Cette licorne pourrait-elle être celle qu'évoque le conte de Grimm ? Pourquoi ?
4. Le sous-titre est *La Vue* : expliquez ce qui justifie ce sous-titre. Cette tapisserie fait partie d'une série : pouvez-vous deviner le sous-titre des autres ?

Tenture de la Dame à la licorne. La Vue, XVe siècle, tapisserie, laine et soie (3,12 m x 3,30 m env.), Paris, musée de Cluny.

Jean-Étienne Lasne (1596-1645),
Hercule combattant l'hydre de Lerne, gravure, BNF, Paris.

Victor Hugo

Les Travailleurs de la mer

2e partie, IV, I – II – III

1866

Qui êtes-vous, Monsieur Victor Hugo ?

Avez-vous eu une enfance heureuse ?

Je suis né à Besançon en 1802. Mon père était général sous Napoléon Ier. Nous avons dû déménager souvent. Mes parents s'entendaient mal, ils se sont séparés en 1812. Mes deux frères et moi avons vécu à Paris, en pension ou avec notre mère.

Comment êtes-vous devenu écrivain ?

J'ai commencé à écrire dès l'âge de 10 ans ! À 17 ans, j'ai gagné un prix à un concours de poésie. À 18 ans, j'ai publié mon premier roman, à 20 ans, mon premier recueil de poésies... Le roi m'a alors accordé une pension, et je me suis consacré entièrement à la littérature. Je suis devenu

« Le chef de file des Romantiques. »

le chef de file des écrivains romantiques (Lamartine, Vigny, Musset). J'ai été élu à l'Académie française en 1841.

Avez-vous participé à la vie publique de votre temps ?

En politique, j'ai d'abord été royaliste, comme ma mère, j'ai donc soutenu la Restauration.

Ensuite, j'ai pris conscience des inégalités et de la misère du peuple et je suis devenu progressiste. Je me suis engagé contre la peine de mort, et j'ai toujours défendu la justice sociale, l'éducation, la liberté. J'ai été nommé pair de France en 1845, élu député puis sénateur.

Mon idéal s'est exprimé aussi dans mes œuvres, comme *Ruy Blas*, *Les Misérables* ou encore *Le Dernier Jour d'un condamné*.

Pourquoi avez-vous passé vingt ans en exil ?

En 1851, un coup d'État contre la République instaurée en 1848 a installé Napoléon III à la tête du Second Empire. Révolté – et menacé –, j'ai alors quitté la France pour Jersey, puis Guernesey. J'y suis resté jusqu'à la chute de l'Empire, en 1870. En 1859, on m'avait bien proposé une amnistie, mais je l'ai refusée en déclarant : « Quand la liberté rentrera, je rentrerai. »

Qu'avez-vous écrit pendant cette période ?

Des œuvres majeures ! D'abord, des recueils de poèmes : *Les Châtiments*, contre Napoléon III, et *Les Contemplations*, autour du souvenir de Léopoldine, ma fille chérie morte noyée en 1843. Ensuite, des romans : d'abord *Les Misérables*, commencé en 1845 et publié en 1862, puis *Les Travailleurs de la mer* (1866) qui se situe dans l'île de Serk, près de Guernesey, et *L'Homme qui rit* (1869).

Que s'est-il passé d'important dans votre vie familiale ?

J'ai épousé Adèle Fouché en 1822, et nous avons eu quatre enfants. L'aînée s'est noyée à 19 ans, tout juste mariée. Après mon retour d'exil, j'ai vu mourir mes deux fils, et ma fille cadette a sombré dans la folie. Toutes ces tragédies ont été un peu adoucies par la présence dans ma vie de Juliette Drouet, maîtresse aimante qui m'est resté fidèle pendant cinquante ans ! Je suis aussi comblé par mes deux petits-enfants, ils m'ont inspiré le recueil de poèmes *L'Art d'être grand-père* (1877). ■

« *Quand la liberté rentrera, je rentrerai.* »

Victor Hugo est mort en 1885. Ses obsèques nationales à Paris ont rassemblé plus d'un million de personnes.

Qui sont les personnages ?

Gilliatt

Ce marin de l'île de Serk, près de Guernesey, se trouve isolé sur un écueil rocheux. Il vient d'essuyer un terrible orage et il manque de vivres. Il se met donc à explorer les rochers en quête de nourriture.

● *Dans ce milieu hostile, que va-t-il trouver ?*

Le monstre

Le monstre de cette histoire est à la fois répugnant et terrifiant.

● *Sera-t-il plus fort que Gilliatt ?*

*Le marin Gilliatt est seul sur un îlot rocheux. Il vient d'essuyer
un très gros orage et il manque de nourriture.*

I. Qui a faim n'est pas le seul

[…] Gilliatt commença par se mettre nu, seul moyen
de se réchauffer.

Ses vêtements étaient trempés par l'orage, mais l'eau
de pluie avait lavé l'eau de mer, ce qui fait que maintenant ils pouvaient sécher.

Gilliatt ne garda que son pantalon, qu'il releva
jusqu'aux jarrets[1].

Il étendit çà et là et fixa avec des galets sur les sail-
lies[2] de rocher autour de lui sa chemise, sa vareuse[3], son
suroît[4], ses jambières et sa peau de mouton.

Puis il pensa à manger.

Gilliatt eut recours à son couteau qu'il avait grand
soin d'aiguiser et de tenir toujours en état, et il détacha
du granit quelques poux de roque[5], de la même espèce à
peu près que les clovisses[6] de la Méditerranée. On sait que
cela se mange cru. Mais, après tant de labeurs[7] si divers
et si rudes, la pitance[8] était maigre. Il n'avait plus de bis-
cuit. Quant à l'eau, elle ne lui manquait plus. Il était
mieux que désaltéré, il était inondé.

Il profita de ce que la mer baissait pour rôder dans les
rochers à la recherche des langoustes. Il y avait assez de
découverte[9] pour espérer une bonne chasse.[…]

Ce jour-là pourtant les poings-clos[10] et les langoustes

10

20

1. Genoux.
2. Parties qui dépassent.
3. Blouse courte en toile.
4. Imperméable coupe-vent.
5. et 6. Coquillages.
7. Épreuves.
8. Ration de nourriture.
9. Partie du rivage
   découverte par la marée
   descendante.
10. Crabes.

se dérobaient[1]. La tempête avait refoulé ces solitaires dans leurs cachettes et ils n'étaient pas encore rassurés. Gilliatt tenait à la main son couteau ouvert, et arrachait de temps en temps un coquillage sous le varech[2]. Il mangeait, tout en marchant. [...]

Comme Gilliatt prenait le parti de se résigner[3] aux oursins et aux châtaignes de mer[4], un clapotement se fit à ses pieds. Un gros crabe, effrayé de son approche, venait de sauter à l'eau. Le crabe ne s'enfonça point assez pour que Gilliatt le perdît de vue[5].

Gilliatt se mit à courir après le crabe sur le soubassement[6] de l'écueil. Le crabe fuyait.

Subitement, il n'y eut plus rien.

Le crabe venait de se fourrer dans quelque crevasse sous le rocher.

Gilliatt se cramponna du poing à des reliefs[7] de roche et avança la tête pour voir sous les surplombs[8].

Il y avait là, en effet, une anfractuosité[9]. Le crabe avait dû s'y réfugier.

C'était mieux qu'une crevasse. C'était une espèce de porche[10].

La mer entrait sous ce porche, mais n'y était pas profonde. On voyait le fond couvert de galets. Ces galets étaient glauques[11] et revêtus de conferves[12], ce qui indiquait qu'ils n'étaient jamais à sec. Ils ressemblaient à des dessus de têtes d'enfants avec des cheveux verts.

Gilliatt prit son couteau dans ses dents, descendit des pieds et des mains du haut de l'escarpement[13] et sauta dans cette eau. Il en eut presque jusqu'aux épaules. [...]

Il remarqua, au-dessus du niveau de l'eau, à portée de

1. Ne se montraient pas.
2. Algues laissées sur le rivage par la marée.
3. Se contenter.
4. Variété d'oursins.
5. Le crabe resta visible.
6. Base du rocher.
7. Morceaux.
8. Parties des rochers au-dessus de l'eau.
9. Un creux.
10. Voûte.
11. D'un vert bleuâtre.
12. Algues vertes en filaments.
13. Pente raide.

sa main, une fissure horizontale dans le granit. Le crabe était probablement là. Il y plongea le poing le plus avant qu'il put, et se mit à tâtonner dans ce trou de ténèbres[14].

Tout à coup, il se sentit saisir le bras.

Ce qu'il éprouva en ce moment, c'est l'horreur indescriptible.

Quelque chose qui était mince, âpre[15], plat, glacé, 60 gluant et vivant venait de se tordre dans l'ombre autour de son bras nu. Cela lui montait vers la poitrine. C'était la pression d'une courroie et la poussée d'une vrille[16]. En moins d'une seconde, on ne sait quelle spirale lui avait envahi le poignet et le coude et touchait l'épaule. La pointe fouillait sous son aisselle.

Gilliatt se rejeta en arrière, mais put à peine remuer. Il était comme cloué. De sa main gauche restée libre il prit son couteau qu'il avait entre les dents, et de cette main, tenant le couteau, s'arc-bouta[17] au rocher, avec un effort 70 désespéré pour retirer son bras. Il ne réussit qu'à inquiéter un peu la ligature[18], qui se resserra. Elle était souple comme le cuir, solide comme l'acier, froide comme la nuit.

Une deuxième lanière, étroite et aiguë, sortit de la crevasse du roc. C'était comme une langue hors d'une gueule. Elle lécha épouvantablement le torse nu de Gilliatt, et tout à coup s'allongeant, démesurée et fine, elle s'appliqua sur sa peau et lui entoura tout le corps. En même temps une souffrance inouïe[19], comparable à rien, soulevait les muscles crispés de Gilliatt. Il sentait dans sa peau des enfoncements 80 ronds, horribles. Il lui semblait que d'innombrables lèvres, collées à sa chair, cherchaient à lui boire le sang.

Une troisième lanière ondoya[20] hors du rocher, tâta

A. Granchi-Taylor (1857-1921), *Gilliatt est attaqué par la pieuvre*, illustration, 1933.

14. Obscur.
15. Rugueux.
16. Outil fait d'une tige et d'une vis pour percer le bois.
17. S'appuya avec force.
18. Attache très solide.
19. Jamais éprouvée.
20. S'avança en zigzag.

Pieuvre, poulpe

Victor Hugo est le premier à employer en français le mot *pieuvre*, dans ce roman de 1866. Le mot entrera dans le dictionnaire en 1878. Les pêcheurs de Guernesey appelaient *pieuvre* un mollusque à huit bras, désigné ailleurs par le mot *poulpe*. Désormais, les deux noms coexistent et sont synonymes.

Gilliatt, et lui fouetta les côtes comme une corde. Elle s'y fixa.

L'angoisse, à son paroxysme[1], est muette. Gilliatt ne jetait pas un cri. Il y avait assez de jour pour qu'il pût voir les repoussantes formes appliquées sur lui. Une quatrième ligature, celle-ci rapide comme une flèche, lui sauta autour du ventre et s'y enroula.

Impossible de couper ni d'arracher ces courroies visqueuses qui adhéraient étroitement au corps de Gilliatt et par quantité de points. Chacun de ces points était un foyer d'affreuse et bizarre douleur. C'était ce qu'on éprouverait si l'on se sentait avalé à la fois par une foule de bouches trop petites.

Un cinquième allongement jaillit du trou. Il se superposa aux autres et vint se replier sur le diaphragme[2] de Gilliatt. La compression[3] s'ajoutait à l'anxiété ; Gilliatt pouvait à peine respirer.

Ces lanières, pointues à leur extrémité, allaient s'élargissant comme des lames d'épée vers la poignée. Toutes les cinq appartenaient évidemment au même centre. Elles marchaient et rampaient sur Gilliatt. Il sentait se déplacer ces pressions obscures qui lui semblaient être des bouches.

Brusquement une large viscosité[4] ronde et plate sortit de dessous la crevasse. C'était le centre ; les cinq lanières s'y rattachaient comme des rayons à un moyeu[5] ; on distinguait au côté opposé de ce disque immonde[6] le commencement de trois autres tentacules, restés sous l'enfoncement du rocher. Au milieu de cette viscosité il y avait deux yeux qui regardaient.

Ces yeux voyaient Gilliatt.

Gilliatt reconnut la pieuvre.

1. Maximum.
2. Muscle et tendons qui séparent le thorax de l'abdomen.
3. Pression forte.
4. Elément épais et collant.
5. Partie centrale d'une roue.
6. Repoussant.

II. Le monstre

Pour croire à la pieuvre, il faut l'avoir vue.

Comparées à la pieuvre, les vieilles hydres font sourire. [...]

La pieuvre n'a pas de masse musculaire, pas de cri menaçant, pas de cuirasse, pas de corne, pas de dard, pas de pince, pas de queue prenante ou contondante[7], pas d'ailerons[8] tranchants, pas d'ailerons onglés[9], pas d'épines, pas d'épée, pas de décharge électrique, pas de virus, pas de venin, pas de griffes, pas de bec, pas de dents. La pieuvre est de toutes les bêtes la plus formidablement[10] armée.

Qu'est-ce donc que la pieuvre ? C'est la ventouse[11].[...]

Cette bête s'applique sur sa proie, la recouvre, et la noue de ses longues bandes. En dessous elle est jaunâtre, en dessus elle est terreuse[12] ; rien ne saurait rendre cette inexplicable nuance poussière ; on dirait une bête faite de cendre qui habite l'eau. Elle est arachnide[13] par la forme et caméléon[14] par la coloration. Irritée, elle devient violette. Chose épouvantable, c'est mou.

Ses nœuds garrottent[15] ; son contact paralyse.

Elle a un aspect de scorbut[16] et de gangrène[17] ; c'est de la maladie arrangée en monstruosité.

Elle est inarrachable. Elle adhère[18] étroitement à sa proie. Comment ? Par le vide. Les huit antennes[19], larges à l'origine, vont s'effilant et s'achèvent en aiguilles. Sous chacune d'elles s'allongent parallèlement deux rangées de pustules décroissantes, les grosses près de la tête, les petites à la pointe. Chaque rangée est de vingt-cinq ; il y

120

130

140

Les Travailleurs de la mer

Les « vieilles hydres »

Hugo fait référence ici à la mythologie grecque. Le héros Héraclès (que les Romains appelaient Hercule) affronta en effet l'hydre de Lerne (v. p. 58). Ce monstre a été décrit de diverses façons : corps de dragon ou de chien, avec sept, neuf ou cent têtes (dont une immortelle), qui repoussaient si on les coupait et dont il sortait une haleine empoisonnée.

7. Qui assomme.
8. Nageoires des requins.
9. Avec des ongles.
10. Terriblement.
11. Élément qui adhère à un support en éliminant l'air par aspiration.
12. De la couleur de la terre.
13. Semblable à une araignée.
14. Animal capable de changer de couleur.
15. Ligotent très solidement.
16. Maladie grave qui s'attaque aux gencives.
17. Maladie qui fait pourrir le corps.
18. Colle.
19. Tentacules.

Les dragons ont, en général, une forme rappelant le serpent, et sont dotés d'attributs variés : ailes de chauves-souris, têtes multiples crachant du feu... Dans la mythologie gréco-latine et dans les contes, il est cruel.

a cinquante pustules par antenne, et toute la bête en a quatre cents. Ces pustules sont des ventouses.

Ces ventouses sont des cartilages cylindriques, cornés[1], livides[2]. Sur la grande espèce, elles vont diminuant du diamètre d'une pièce de cinq francs à la grosseur d'une lentille. Ces tronçons de tubes sortent de l'animal et y rentrent. Ils peuvent s'enfoncer dans la proie de plus d'un pouce[3].

Cet appareil de succion[4] a toute la délicatesse d'un 150 clavier. Il se dresse, puis se dérobe. Il obéit à la moindre intention de l'animal. Les sensibilités les plus exquises[5] n'égalent pas la contractilité[6] de ces ventouses, toujours proportionnée aux mouvements intérieurs de la bête et aux incidents extérieurs. Ce dragon est une sensitive[7].

Ce monstre est celui que les marins appellent poulpe, que la science appelle céphalopode, et que la légende appelle *kraken*. Les matelots anglais l'appellent *Devil-Fish*, le Poisson-Diable. Ils l'appellent aussi *Blood-Sucker*, Suceur de sang. Dans les îles de la Manche on le nomme 160 la pieuvre. [...]

La pieuvre en chasse ou au guet[8] se dérobe ; elle se rapetisse, elle se condense ; elle se réduit à sa plus simple expression. Elle se confond avec la pénombre. Elle a l'air d'un pli de la vague. Elle ressemble à tout, excepté à quelque chose de vivant.

La pieuvre, c'est l'hypocrite[9]. On n'y fait pas attention ; brusquement, elle s'ouvre.

Une viscosité qui a une volonté, quoi de plus effroyable ! De la glu[10] pétrie de haine.

170 C'est dans le plus bel azur[11] de l'eau limpide que surgit cette hideuse étoile vorace[12] de la mer. Elle n'a pas

1. Durs comme de la corne.
2. Très pâles.
3. Environ 3 cm.
4. Destiné à aspirer.
5. Extrêmes (*sens vieilli*).
6. Capacité à se contracter et à se détendre à volonté.
7. Plante tropicale dont les feuilles se replient dès qu'on les touche.
8. En attente d'une proie.
9. Celle qui veut faire croire qu'elle est inoffensive.
10. Colle.
11. Bleu intense, comme le ciel par beau temps.
12. Qui veut dévorer.

d'approche[13], ce qui est terrible. Presque toujours, quand on la voit, on est pris. […]

Aucune stupeur[14] n'égale la subite apparition de la pieuvre, Méduse servie par huit serpents.

Pas de saisissement pareil à l'étreinte du céphalopode.

C'est la machine pneumatique[15] qui vous attaque. Vous avez affaire au vide ayant des pattes. Ni coups d'ongle, ni coups de dents ; une scarification[16] indicible. Une morsure est redoutable ; moins qu'une succion. La griffe n'est rien près de la ventouse. La griffe, c'est la bête qui entre dans votre chair ; la ventouse, c'est vous-même qui entrez dans la bête. Vos muscles s'enflent, vos fibres se tordent, votre peau éclate sous une pesée immonde, votre sang jaillit et se mêle affreusement à la lymphe[17] du mollusque. La bête se superpose à vous par mille bouches infâmes[18] ; l'hydre s'incorpore à l'homme ; l'homme s'amalgame[19] à l'hydre. Vous ne faites qu'un. Ce rêve est sur vous. Le tigre ne peut que vous dévorer ; le poulpe, horreur ! vous aspire. Il vous tire à lui et en lui, et, lié, englué, impuissant, vous vous sentez lentement vidé dans cet épouvantable sac, qui est un monstre.

Au-delà du terrible, être mangé vivant, il y a l'inexprimable, être bu vivant. […]

III. Autre forme du combat dans le gouffre

Tel était l'être auquel, depuis quelques instants, Gilliatt appartenait.

Ce monstre était l'habitant de cette grotte. Il était

180

190

> **Méduse**
>
> Dans la mythologie grecque, les Gorgones sont trois sœurs monstrueuses : elles ont des ailes d'or, la tête hérissée de serpents et leur regard transforme en pierre ceux qui le croisent. Deux d'entre elles sont immortelles, la troisième, Méduse, est mortelle. Elle est tuée par le héros Persée qui réussit à lui trancher la tête.

13. Période qui précède l'attaque.
14. Étonnement.
15. Appareil qui pompe l'air d'une pièce pour y faire le vide.
16. Écorchure.
17. Liquide incolore qui circule dans le corps.
18. Répugnantes.
19. Se mélange.

l'effrayant génie du lieu. Sorte de sombre démon de l'eau.
[…]

Gilliatt avait enfoncé son bras dans le trou ; la pieuvre l'avait happé[1].

Elle le tenait.

Il était la mouche de cette araignée.

Gilliatt était dans l'eau jusqu'à la ceinture, les pieds crispés sur la rondeur des galets glissants, le bras droit étreint et assujetti[2] par les enroulements plats des courroies de la pieuvre, et le torse disparaissant presque sous les replis et les croisements de ce bandage horrible.

Des huit bras de la pieuvre, trois adhéraient[3] à la roche, cinq adhéraient à Gilliatt. De cette façon, cramponnée d'un côté au granit, de l'autre à l'homme, elle enchaînait Gilliatt au rocher. Gilliatt avait sur lui deux cent cinquante suçoirs. Complication d'angoisse et de dégoût. Être serré dans un poing démesuré dont les doigts élastiques, longs de près d'un mètre, sont intérieurement pleins de pustules vivantes qui vous fouillent la chair.

Nous l'avons dit, on ne s'arrache pas à la pieuvre. Si on l'essaie, on est plus sûrement lié. Elle ne fait que se resserrer davantage. Son effort croît[4] en raison[5] du vôtre. Plus de secousse produit plus de constriction[6].

Gilliatt n'avait qu'une ressource, son couteau.

Il n'avait de libre que la main gauche, mais on sait qu'il en usait puissamment[7]. On aurait pu dire de lui qu'il avait deux mains droites.

Son couteau, ouvert, était dans cette main.

On ne coupe pas les antennes de la pieuvre ; c'est un cuir impossible à trancher, il glisse sous la lame ;

200

210

220

Le génie du lieu

La notion de « génie du lieu » existe depuis l'Antiquité. Pour les Romains, c'est un dieu protecteur à qui l'on fait des offrandes. Le « génie » est en quelque sorte l'âme d'un lieu, ce qui lui donne une existence et le rend sacré. Détruire ou violer le lieu devient alors un sacrilège et entraîne un châtiment.

1. Attrapé brusquement.
2. Attaché et immobilisé.
3. Étaient collés.
4. Grandit.
5. En proportion.
6. Contraction circulaire.
7. Avec beaucoup de force et d'efficacité.

d'ailleurs la superposition est telle qu'une entaille[8] à ces lanières entamerait votre chair.

Le poulpe est formidable[9] ; pourtant il y a une manière de s'en servir. Les pêcheurs de Serk[10] la connaissent ; qui les a vus exécuter en mer de certains mouvements brusques, le sait. Les marsouins[11] la connaissent aussi ; ils ont une façon de mordre la sèche[12] qui lui coupe la tête. De là tous ces calmars, toutes ces sèches et tous ces poulpes sans tête qu'on rencontre au large.

Le poulpe, en effet, n'est vulnérable[13] qu'à la tête.

Gilliatt ne l'ignorait point.

Il n'avait jamais vu de pieuvre de cette dimension. Du premier coup, il se trouvait pris par la grande espèce. Un autre se fût troublé.

Pour la pieuvre comme pour le taureau il y a un moment qu'il faut saisir ; c'est l'instant où le taureau baisse le cou, c'est l'instant où la pieuvre avance la tête ; instant rapide. Qui manque ce joint[14] est perdu.

Tout ce que nous venons de dire n'avait duré que quelques minutes. Gilliatt pourtant sentait croître la succion des deux cent cinquante ventouses.

La pieuvre est traître. Elle tâche de stupéfier[15] d'abord sa proie. Elle saisit, puis attend le plus qu'elle peut.

Gilliatt tenait son couteau. Les succions augmentaient.

Il regardait la pieuvre, qui le regardait.

Tout à coup la bête détacha du rocher sa sixième antenne[16], et, la lançant sur Gilliatt, tâcha de lui saisir le bras gauche.

En même temps elle avança vivement la tête. Une seconde de plus, sa bouche-anus[17] s'appliquait sur la

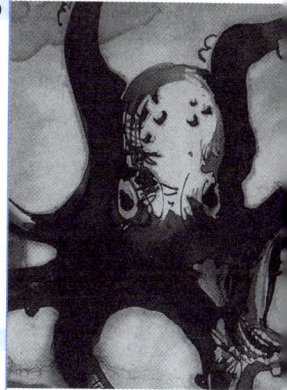

8. Coupure.
9. Puissant et redoutable.
10. Sercq ou Sark, petite île proche de Guernesey.
11. Mammifères marins, appelés aussi cochons de mer.
12. Ou *seiche* ; petite pieuvre à dix tentacules.
13. Faible.
14. Moment favorable pour agir.
15. Paralyser.
16. Tentacule.
17. Hugo croit que la pieuvre n'a qu'un seul orifice ; en fait, elle en a deux.

poitrine de Gilliatt. Gilliatt, saigné au flanc, et les deux bras garrottés, était mort.

260 Mais Gilliatt veillait. Guetté, il guettait.

Il évita l'antenne, et, au moment où la bête allait mordre sa poitrine, son poing armé s'abattit sur la bête.

Il y eut deux convulsions[1] en sens inverse, celle de la pieuvre et celle de Gilliatt.

Ce fut comme la lutte de deux éclairs.

Gilliatt plongea la pointe de son couteau dans la viscosité plate, et, d'un mouvement giratoire[2] pareil à la torsion d'un coup de fouet, faisant un cercle autour des deux yeux, il arracha la tête comme on arrache une dent.

270 Ce fut fini.

Toute la bête tomba.

Cela ressembla à un linge qui se détache. La pompe aspirante détruite, le vide se défit. Les quatre cents ventouses lâchèrent à la fois le rocher et l'homme. Ce haillon[3] coula au fond de l'eau.

Gilliatt, haletant du combat, put apercevoir à ses pieds sur les galets deux tas gélatineux[4] informes[5], la tête d'un côté, le reste de l'autre. Nous disons le reste, car on ne pourrait dire le corps.

280 Gilliatt toutefois, craignant quelque reprise convulsive de l'agonie[6], recula hors de la portée des tentacules.

Mais la bête était bien morte.

Gilliatt referma son couteau.

1. Contractions violentes des muscles.
2. Qui tourne sur lui-même.
3. Vieux vêtement déchiré.
4. Mous comme de la gélatine.
5. Sans forme.
6. Derniers moments de la vie.

Pause lecture 4

Rencontre avec « quelque chose » l. 1 à 113

Avez-vous bien lu ?

Pour attraper le crabe, Gilliatt entre dans l'eau :

❏ jusqu'aux épaules.
❏ jusqu'à la taille.
❏ jusqu'aux genoux.

Après l'orage (l. 1 à 56)

1 Quelles qualités révèle le comportement de Gilliatt au début du récit ?

2 Relevez les termes qui désignent la cachette du crabe (l. 37 à 56) : que suggère chacun d'entre eux ? À quoi les galets sont-ils comparés (l. 48-49) ? Est-ce rassurant ?

« Tout à coup ... » (l. 57 à 113)

3 Quels noms désignent le « quelque chose » (l. 60) qui s'en prend à Gilliatt ? Que nous apprennent-ils ?

4 Relevez les adjectifs qualificatifs et les comparaisons qui caractérisent cette « chose » : sur quoi insistent-ils ?

5 Comment est marquée la progression de l'étreinte qui immobilise Gilliatt ?

6 Quelles sensations envahissent Gilliatt ? Comment le narrateur les fait-il ressentir au lecteur ?

7 Que suggère le verbe *reconnut* (l. 113) ? Quelles suites cette information permet-elle d'imaginer ?

Le monstre l. 114 à 194

Avez-vous bien lu ?

Selon le narrateur, la pieuvre a pour nom légendaire :

❑ la méduse.

❑ le kraken.

❑ l'hydre.

« La pieuvre, c'est la ventouse. » (l. 114 à 160)

1 Pourquoi la description des lignes 117 à 123 est-elle surprenante ?

2 Relevez et classez les éléments qui concernent l'apparence, la consistance et les modes d'action de la pieuvre.

3 Quels effets produisent les noms anglais donné au poulpe ?

« La pieuvre, c'est l'hypocrite. » (l. 161 à 194)

4 Quels comportements de la pieuvre justifient le mot *hypocrite* (l. 165) ?

5 Quels sentiments inspirent au narrateur les actions de la bête ? Pourquoi utilise-t-il le pronom *vous* aux lignes 177 à 192 ?

6 Quels sont les temps verbaux utilisés dans le chapitre I ? et dans le II ? Expliquez à quoi sert le chapitre II.

Le combat l. 195 à 283

Avez-vous bien lu ?

Entre l'attaque de la pieuvre et sa mort, il s'est écoulé :

❏ quelques minutes.

❏ quelques secondes.

❏ une heure.

L'araignée et la mouche (l. 195 à 220)

1 Que suggère le rapprochement de la pieuvre avec un démon (l. 198) ? Quelles raisons a-t-elle de s'emparer de Gilliatt ?

2 Le rapport de force est-il favorable à Gilliatt ? Pourquoi ?

« La lutte de deux éclairs »

3 Expliquez : « Guetté, il guettait » (l. 260). Pourquoi Hugo a-t-il répété le même verbe ?

4 Grâce à quelles qualités Gilliatt sort-il vainqueur du combat ?

5 Comment la défaite de la pieuvre est-elle soulignée ?

Sur l'ensemble du texte

6 Quelles caractéristiques de la pieuvre en font un monstre ? Quels détails, quels mots, quelles comparaisons suggèrent qu'elle pourrait être plus qu'un animal géant ?

7 Expliquez pourquoi Gilliatt est un héros. Citez toutes ses qualités.

Vers l'expression

Vocabulaire

1. Dans les lignes 1 à 28, relevez les mots appartenant au champ lexical de la mer. Relisez la vie de Victor Hugo (p. 60-61) et expliquez en quoi cette évocation repose sur son expérience personnelle.

2. Comment sont formés les adjectifs *jaunâtre* (l. 127) et *terreuse* (l. 128) ? Quelle est la classe grammaticale de leur radical ? Trouvez deux autres mots formés de la même manière, et employez-les dans une phrase.

À vous de jouer

Recherches

Faites des recherches au CDI et sur Internet et composez un dossier documentaire sur la pieuvre.
Comparez ce que dit Victor Hugo de la pieuvre avec ce que les documents nous apprennent. Comment pourriez-vous expliquer les différences ?

Expression écrite

Écrire une description

Renseignez-vous sur les monstres marins célèbres (Charybde et Scylla, les Sirènes, le poisson de Jonas, le Léviathan, le Kraken, etc.). Choisissez l'un d'eux et présentez-le par écrit. Illustrez votre texte avec un dessin ou un collage.

Rédiger un récit

Gilliatt est seul depuis des jours, sans vivres et sans eau douce, sur un îlot rocheux. Imaginez et racontez l'événement qui l'a mis dans cette situation difficile.

Du texte à l'image

Observez cette gravure → voir dossier images p. VII

1. Comparez la gravure avec le texte de Victor Hugo (points communs et différences).
2. La représentation de la pieuvre suscite-t-elle en vous les mêmes impressions que le récit ? Expliquez pourquoi.
3. Comment Gilliatt est-il mis en valeur sur l'image ?
4. Cette gravure a été publiée en « une » d'un journal. À votre avis, pourquoi donnait-elle envie de lire l'œuvre ?

Une du *Journal illustré* du 1er-8 avril 1866, annonçant la parution des *Travailleurs de la mer*, gravure de H. de Hem (1825-1890?).

Observez ce dessin → voir dossier images p. VIII

1. Décrivez l'image. Quels éléments de la pieuvre sont mis en valeur ?
2. Comparez le dessin avec ce qu'écrit le narrateur aux lignes 114 à 194 (chap. II) : les effets produits sont-ils les mêmes ?
3. Cherchez ce qu'on appelle un lavis. Quelles traces de cette technique voyez-vous sur l'image ? Convient-elle bien au sujet du dessin ?
4. L'auteur a intégré sa signature au dessin : où est-elle ? À quoi sert-elle ?

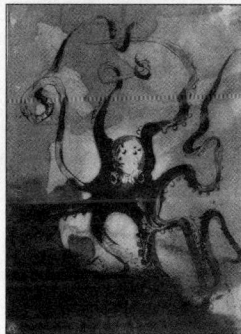

Victor Hugo (1802-1885), *La Pieuvre*, 1866, plume, pinceau, encre brune et lavis sur papier crème (35,7 x 25,9 cm), Paris, BNF.

Questions sur...

Trois récits de monstres

1. Les monstres

1 Quels sont les monstres dans l'*Odyssée*, *Le Vaillant Petit Tailleur*, *Les Travailleurs de la mer* ? Que cherchent-ils à faire ?

2 Du point de vue de l'apparence physique, quels sont les points communs entre les monstres de ces trois textes ? Quelles sont les différences ?

3 On dit souvent que les monstres représentent les peurs des humains : quelles peurs chaque monstre représente-t-il ? Quel monstre vous semble le plus effrayant ? Pourquoi ?

4 Les monstres ont-ils des points faibles ? Si oui, lesquels ?

2. Les hommes

5 Cherchez les raisons qui poussent Ulysse, le petit tailleur et Gilliatt à affronter les monstres.

6 Grâce à quelles qualités les héros triomphent-ils des monstres ?

7 Quelles sont les conséquences de leur victoire sur les monstres pour chacun des personnages ?

3. Parcours d'Éducation Artistique et Culturel

• *Sur l'*Odyssée

8 Comparez les représentations de Polyphème et d'Ulysse (documents I à IV.)

9 Calculez combien de temps sépare les quatre documents sur l'*Odyssée* (doc. I à IV). Rappelez l'origine géographique de chacun d'eux. Que pouvez-vous conclure ?

10 Cherchez sur Internet d'autres images d'objets antiques représentant Ulysse aveuglant Polyphème. Faites un dossier numérique avec celles que vous préférez, en rédigeant des légendes très précises (type d'objet, provenance, date, lieu de conservation).

• *Sur* **Les Travailleurs de la mer**

11 Cherchez sur Internet les illustrations du combat de Gilliatt et de la pieuvre par Gustave Doré, Daniel Vierge, André Masson. Comparez-les entre elles, puis dites laquelle vous préférez, et pourquoi.

• *Sur l'ensemble du dossier (doc. I à VIII)*

12 Pour chaque œuvre du dossier, précisez quelles techniques et quels matériaux ont été utilisés.

13 De toutes les représentations de monstres du dossier, laquelle vous semble la plus réussie ? Pour quelles raisons ?

14 Proposez à votre tour une ou plusieurs représentations renvoyant à l'un des trois textes, selon une technique de votre choix : dessin, collage, photos, bande dessinée, pâte à modeler, marionnettes, etc.

Le Caravage (1571-1610), *Tête de Méduse*, peinture sur le revers d'un bouclier recouvert de toile, 1596-1598, diamètre 60 cm, musée des Offices, Florence.

Après la lecture

⚬➤ Genre
Monstres en tous genres

⚬➤ Thème
Le monstre

Monstres en tous genres

Les récits de ce recueil appartiennent à des **genres littéraires** différents : l'épopée, le conte traditionnel et le roman.

◆ L'épopée

Une **épopée** est un **long récit en vers**. Elle raconte les **exploits** accomplis par des **héros** dotés de qualités hors du commun. Ils se trouvent confrontés à des défis surhumains et à des **forces surnaturelles,** bienveillantes ou hostiles.

L'*Iliade* et l'*Odyssée* sont deux épopées du **VIIIᵉ siècle av. J.-C.** dans la Grèce antique, peut-être composées par Homère, un aède (poète) qui chantait ses vers, à la fin des festins, dans les palais royaux. L'*Iliade* raconte en 15 000 vers la fin de la guerre de Troie, l'*Odyssée* en 12 000 vers le retour d'Ulysse à Ithaque.

À Rome, **sept siècles plus tard**, Virgile a composé une épopée de 10 000 vers en latin, inspirée de l'*Iliade* et de l'*Odyssée :* l'*Énéide*. Elle raconte le périple d'Énée, jeune Troyen chargé de fonder une ville qui deviendra Rome. Il est le fils de la déesse Vénus, qui guide ses pas et l'aide à franchir les obstacles.

Au **XIIᵉ siècle**, un auteur inconnu compose en ancien français *La Chanson de Roland*, poème épique de 4 000 vers qui raconte les exploits guerriers de Roland, chevalier de l'empereur Charlemagne, muni de l'épée Durandal, capable de fendre les montagnes.

De nos jours, l'épopée survit surtout dans les bandes dessinées, les jeux vidéo et le cinéma, comme le montre la multiplication des super-héros.

◆ Le conte traditionnel

Le conte traditionnel est un **récit court**, généralement en prose. À l'origine, il se raconte dans les milieux populaires. Il en existe dans toutes les cultures. En Europe, à partir du **XVIIᵉ siècle**, des écrivains comme Charles Perrault ou les frères Grimm collectent, récrivent et publient ces contes populaires.

Les histoires se passent à des époques et dans des lieux indéterminés. Les personnages sont très simples, parfois anonymes, comme le petit tailleur. Seules comptent leurs aventures, qui ne sont pas du tout vraisemblables. Ils sont confrontés à des épreuves et à des éléments merveilleux : fées, sorcières, monstres, métamorphoses, objets magiques. Le plus souvent, les héros surmontent les épreuves, avec ou sans aide, et en sortent plus forts.

Les contes sont des récits distrayants, mais ils ont un sens profond. Ils nous aident à grandir, à surmonter nos peurs et nous invitent à tirer des leçons de vie.

◆ Le roman

Contrairement à l'épopée, le roman est un **récit en prose**, et contrairement au conte, c'est un **récit long**. Le cadre de l'action est situé dans des temps et des espaces précis. *Les Misérables* de Victor Hugo se passe au XIXᵉ siècle à Paris et dans sa région, *Les Travailleurs de la mer* dans l'île de Serk. Les personnages ont une histoire complexe, des amours, une famille, un travail. Plusieurs intrigues s'entremêlent : *Les Misérables* entrecroise les destinées de Jean Valjean, Fantine, Cosette, Gavroche, Javert, Marius.

Le roman est un **genre très souple** : on peut y trouver des héros qui rappellent ceux de l'épopée, comme Gilliatt et sa force herculéenne ; ou bien des histoires fantastiques, comme *Frankenstein*, de Mary Shelley ou *L'Étrange cas du Docteur Jekyll et de Mr. Hyde*, de Stevenson, qui présentent des figures de monstres modernes. ◼

Le monstre

◆ Qu'est-ce qu'un monstre ?

Le « monstre » est un être qui ne respecte pas les normes de son espèce. Il en existe **deux catégories**.

Les monstres **réels**, comme les veaux à deux têtes, sont rares mais existent vraiment. Leurs anomalies sont des « erreurs de la nature ». Ils sont étudiés par les médecins ou les généticiens.

Les monstres qui nous intéressent ici sont des monstres **imaginaires**. Beaucoup plus nombreux, on les trouve à toutes les époques et partout : dans les mythologies, les récits, les tableaux, les sculptures, les films, les bandes dessinées, les jeux vidéo, etc.

◆ Des êtres aux multiples formes

Comme ils sont imaginaires, les monstres ont une infinité de formes. Certains ressemblent à des hommes, avec des éléments en plus, en moins, ou exagérés : taille géante ou naine, œil ou pied unique, têtes ou bras multiples, etc.

D'autres monstres sont composés d'éléments empruntés à différentes espèces : ce sont des **êtres hybrides.** Ils combinent :

– soit des parties humaines avec des parties animales (comme les sirènes, les centaures, le Minotaure, Méduse, le Sphynx, etc.) ;

– soit des attributs de plusieurs espèces animales (comme les dragons, les griffons, les licornes, Pégase, l'hydre de Lerne, etc.).

◆ Des êtres terrifiants

Les monstres se caractérisent par des **comportements « monstrueux »**. Les Cyclopes sont cannibales, tout comme les ogres des contes. Les dragons anéantissent les humains en crachant des flammes. Le regard de Méduse les pétrifie et celui du basilic les tue. Le Minotaure dévore chaque année sept couples de jeunes gens. Les serpents de mer engloutissent les navires. Les méchantes fées et les sorcières métamorphosent les humains en animaux repoussants, crapauds, grenouilles ou monstres velus. Les diables cornus torturent les damnés dans les feux de l'enfer.

Les monstres imaginaires représentent ainsi **tout ce qui nous effraie dans la réalité** : peur de l'inconnu, des forces de la nature, de la violence, de la dévoration, de la tentation, des autres, du Mal.

◆ Les combats contre les monstres

Mais les monstres sont le plus souvent présentés face à un héros qui les affronte, et en vient à bout. Ulysse, Héraclès, Thésée, Persée, le Petit-Poucet, le petit tailleur, Gilliatt : tous, avec ou sans aide, trouvent des ressources pour triompher des monstres.

Ainsi, les monstres donnent une figure à nos peurs, et les héros victorieux nous montrent que l'intelligence, la réflexion, la ruse, le savoir, l'audace, parfois même la douceur et l'amour, permettent de les mettre en déroute.

La leçon vaut pour les individus comme pour la société. Les monstres de la mythologie et des contes sont **des forces sauvages et désordonnées**. Leur élimination établit un monde ordonné et civilisé : le héros épouse la princesse, devient un bon roi et ils ont beaucoup d'enfants.

◆ Les monstres gentils

Il existe quelques monstres gentils, comme le bossu Quasimodo dans *Notre-Dame de Paris*, de Victor Hugo. Repoussé par tous à cause de sa laideur, il est celui qui a la plus belle âme, la plus généreuse. Lui aussi donne une leçon, en nous invitant à juger les autres non pas sur leur apparence mais sur leurs actes. Ce n'est pas sa laideur qui est monstrueuse, mais le rejet qu'elle provoque chez les autres personnages – **les vrais monstres ne sont pas toujours ceux qu'on croit...** ■

Claude Monet (1840-1926), *Un coin d'appartement*,
huile sur toile (81,5 x 60,5 cm), 1875, Paris, musée d'Orsay.

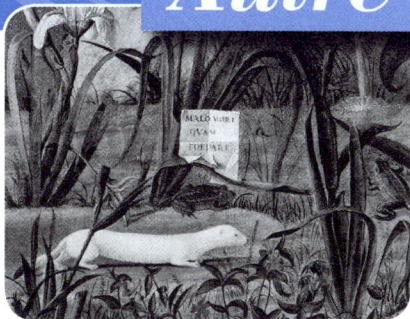

Saki

Sredni Vashtar

1910-1911

Nouvelle traduite et adaptée par Annie Le Fustec

Hector Hugh Munro, dit Saki (1870-1916)

D'origine birmane, il est envoyé enfant en Angleterre pour y être élévé par deux tantes âgées et autoritaires. Après ses études secondaires, il retourne en Birmanie et s'engage dans la police militaire, avant de devenir journaliste. Il est correspondant de guerre dans les Balkans pendant la Première Guerre mondiale. À partir de 1900, sous le pseudonyme de Saki (nom d'un personnage dans la poésie persane), il rédige deux romans et 135 nouvelles. C'est avec *Sredni Vashtar* qu'il gagne sa renommée dans la littérature fantastique.

Saki meurt en novembre 1916 pendant la bataille de la Somme.

Sredni Vashtar

Conradin avait dix ans. Le docteur avait énoncé son diagnostic : le garçon ne vivrait pas cinq ans de plus. Ce docteur était un mollasson, il avait peu d'importance ; mais Mrs De Ropp avait adopté son point de vue, et elle, elle avait une énorme importance.

Mrs De Ropp était la cousine et la tutrice de Conradin. Aux yeux du garçon, elle représentait les trois cinquièmes de l'existence : l'inévitable, le déplaisant et le réel. Les deux autres cinquièmes, en conflit perpétuel avec les trois autres, c'était, en tout et pour tout, lui-même et son imagination. Conradin se disait qu'un de ces jours il succomberait[1], irrésistiblement écrasé par ces choses inévitables et assommantes – la maladie, les précautions et les interdits, l'interminable ennui. Sans son imagination, vivement stimulée[2] par la solitude, il aurait déjà succombé depuis longtemps.

Même dans un moment de totale honnêteté, Mrs De Ropp ne se serait jamais avoué à elle-même qu'elle n'aimait pas Conradin. Pourtant, le contrarier « pour son bien » était un devoir qui ne lui pesait pas particulièrement. Conradin, lui, la détestait avec une sincérité désespérée, mais il le cachait bien. Les rares plaisirs qu'il parvenait à se ménager, il leur trouvait plus de saveur s'ils déplaisaient à sa tutrice. Elle était exclue du royaume de son imagination : c'était une créature impure, elle n'y entrerait jamais.

Le jardin était morne et sans charme, surplombé de nombreuses fenêtres prêtes à s'ouvrir et à envoyer des

1. Mourrait.
2. Excitée.

messages – ne pas faire ci ou ça, penser à prendre tel médicament ; Conradin y trouvait peu de plaisir. On lui défendait de toucher aux arbres fruitiers, comme s'ils étaient des spécimens rares s'épanouissant en plein désert ; pourtant on aurait eu du mal à trouver un maraîcher qui offre dix shillings pour toute leur production de l'année !

Mais dans un coin oublié, presque caché derrière un buisson rabougri, il y avait une cabane à outils inutilisée, de bonne taille. Entre ses murs, Conradin avait trouvé un refuge, qui tenait à la fois de la salle de jeu et de la cathédrale. Il l'avait peuplé de nombreux fantômes familiers, venus en partie de ses lectures, et en partie de son propre cerveau. L'endroit avait aussi l'honneur d'abriter deux occupants de chair et de sang. Dans un coin vivait une poule de Houdan[1] au plumage décati[2], à laquelle le garçon vouait une affection qu'il ne pouvait guère manifester ailleurs. Plus loin, dans le fond obscur, se trouvait une grande cage divisée en deux compartiments. L'un d'eux était fermé sur un côté par des barreaux de métal très rapprochés. C'était la demeure d'un grand furet putoisé[3]. Un gentil garçon boucher avait secrètement introduit la cage et l'animal dans leur résidence actuelle, en échange d'un tas de petites pièces d'argent secrètement économisées. Conradin avait atrocement peur de cette bête agile aux crocs pointus, mais c'était son trésor le plus précieux. Sa présence même dans la cabane à outils était une joie secrète et terrifiante, qu'il fallait garder soigneusement ignorée de la Femme, comme il appelait sa cousine dans son for intérieur[4]. Un

1. Race de poules, originaire de Houdan, dans les Yvelines.
2. Vieilli et abîmé.
3. Petit mammifère domestique au corps mince et allongé, autrefois dressé pour la chasse aux rats et aux lapins.
4. Dans sa tête.

jour, inspiré par Dieu sait quoi, il dota la bête d'un nom merveilleux, et de ce moment-là elle s'éleva au rang de divinité et d'objet de culte.

La Femme pratiquait sa propre religion une fois par semaine dans une église des environs, et elle emmenait Conradin avec elle. Mais pour lui, le service religieux était un rite bizarre et impénétrable[5]. Chaque jeudi, dans le silence et l'obscurité de la cabane à l'odeur de moisi, il officiait[6], lui, selon un cérémonial mystique[7] et compliqué devant la cage en bois où résidait Sredni Vashtar, le grand furet. Des fleurs rouges au printemps, des baies écarlates[8] en hiver étaient déposées en offrande devant son sanctuaire[9] : c'était en effet un dieu qui incitait[10] plutôt à la férocité et à l'impatience, contrairement à celui de la Femme qui, à ce qu'avait pu voir Conradin, visait exactement l'inverse.

Aux grandes fêtes, de la muscade[11] râpée était répandue devant la cage – et, point important du rituel[12], ce devait être de la muscade volée. Ces fêtes n'étaient pas régulières, elles célébraient plutôt un événement ponctuel. Une fois, Mrs De Ropp souffrit d'une atroce rage de dents durant trois jours : Conradin fit durer la fête les trois jours entiers ! Il s'était presque persuadé que Sredni Vashtar était le vrai responsable du mal de dents. S'il s'était prolongé un jour de plus, la réserve de muscade y serait passée.

La poule de Houdan n'était jamais associée au culte de Sredni Vashtar. Conradin avait décidé de longue date qu'elle était Anabaptiste[13]. Il ne prétendait pas avoir la moindre idée de ce qu'était un Anabaptiste,

5. Incompréhensible.
6. Pratiquait sa religion.
7. Plein de mystère et de symboles.
8. Fruits rouges.
9. Lieu sacré.
10. Poussait.
11. Fruit du muscadier, utilisé comme épice.
12. Ensemble des rites d'une religion.
13. Membre d'un des courants de la religion protestante.

Autre lecture

mais il espérait en lui-même que c'était perturbant
et peu respectable. Mrs De Ropp était la référence sur
laquelle il se fondait pour détester toute respectabilité[1].

Au bout de quelques temps, l'attrait de Conradin
pour la cabane à outils attira l'attention de sa tutrice.
« Ce n'est pas bon pour lui de bricoler là-dedans par
tous les temps », décida-t-elle promptement[2]. Et un
matin, au petit déjeuner, elle annonça que la veille, la
poule de Houdan avait été vendue et emportée. De ses
yeux de myope, elle épiait Conradin, guettant un accès
de rage ou de chagrin, et prête à le contrer[3] avec un flot
de préceptes[4] et d'arguments excellents. Mais Conradin
ne dit rien : il n'y avait rien à dire. Quelque chose peut-
être, sur son visage très pâle, donna à Mrs De Ropp un
scrupule[5] momentané, car pour le thé de l'après-midi
il y avait des toasts[6]. D'habitude, elle bannissait cette
gourmandise, au motif que c'était mauvais pour lui ;
et aussi parce que faire griller des tartines « causait du
dérangement », offense mortelle à ses yeux de femme
de la classe moyenne.

« Je pensais que tu aimais les toasts », s'écria-t-elle
d'un air offensé, en voyant qu'il ne touchait pas au sien.

– Quelquefois », dit Conradin.

Dans la remise, ce soir-là il y eut une innovation
dans le culte au dieu de la cage. Conradin avait pris
l'habitude de chanter ses louanges, ce soir-là, il lui
demanda une faveur.

« Fais une chose pour moi, Sredni Vashtar ».

La « chose » n'était pas précisée : Sredni Vashtar était
un dieu, il devait savoir de quoi il s'agissait. Conradin

1. Comportement digne
de respect.
2. Très vite.
3. S'opposer.
4. Règles de conduite.
5. Doute, léger remords.
6. Tranches de pain de
mie grillées.

Giuseppe de Nittis (1846-1884), *Petit-déjeuner dans le jardin*, 1883, huile sur toile (81 x 117 cm), Pinacothèque Giuseppe de Nittis, Barletta.

étouffa un sanglot en regardant l'autre coin, qui était vide, puis il retourna dans le monde qu'il haïssait tant. Et chaque nuit, dans l'obscurité accueillante de sa chambre, et chaque soir dans l'ombre crépusculaire[1] de la cabane à outils, s'élevait l'amère litanie[2] : « Fais une chose pour moi, Sredni Vashtar ».

Mrs De Ropp remarqua que les visites à la remise[3] ne cessaient pas, et un jour elle fit une tournée d'inspection plus poussée. « Qu'est-ce que tu gardes dans cette cage fermée ? dit-elle, des cochons d'Inde, j'imagine. Je vais faire évacuer ça. » Conradin garda bouche cousue, mais la Femme fouilla sa chambre jusqu'à ce qu'elle trouve la clé, pourtant soigneusement cachée. Et elle descendit immédiatement à la remise pour finir son enquête.

Depuis la dernière fenêtre de la salle à manger, on pouvait juste apercevoir la porte de la remise, derrière l'angle du buisson : Conradin se posta à cet endroit. Il vit la Femme entrer, ensuite il l'imagina en train d'ouvrir la porte du sanctuaire et de scruter[4] de ses yeux myopes l'épaisse litière[5] où son dieu restait caché. Peut-être, dans son impatience, fouillerait-elle maladroitement la paille. Et Conradin dans un souffle répéta sa prière une dernière fois, avec ferveur[6].

Mais tout en priant, il savait qu'il n'y croyait pas. Il savait que la Femme sortirait bientôt avec sur le visage ce sourire pincé[7] qu'il haïssait tant, et que dans une heure ou deux, le jardinier emporterait son dieu merveilleux – ce ne serait plus un dieu, mais un simple furet brun dans une cage. Et il savait que la Femme triompherait toujours, comme elle triomphait maintenant,

1. De la tombée de la nuit.
2. Longue suite de prières.
3. Cabane.
4. Regarder très attentivement.
5. Couche de paille sur laquelle se couchent les animaux.
6. Avec passion.
7. Froid et méprisant.

Autre lecture

et qu'il serait de plus en plus malade, soumis au harcèlement, à la tyrannie de sa toute-puissante sagesse. Et un jour, en ce qui le concernait, plus rien n'aurait d'importance, et le docteur finirait par avoir raison. Le cœur déchiré par sa pitoyable défaite, il se mit à chanter bien fort et avec défi l'hymne de son idole menacée :

Sredni Vashtar avança, plein de force,
Ses pensées étaient de rouges pensées
Et ses dents étaient blanches,
Ses ennemis réclamaient la paix,
Mais il leur apporta la mort,
Sredni Vashar le Magnifique.

D'un seul coup il cessa de chanter et se rapprocha de la vitre. La porte de la remise était encore entrouverte, elle n'avait pas bougé, et les minutes s'écoulaient. C'était de longues minutes, mais elles s'écoulaient, malgré tout. Il regarda les étourneaux[8] qui se poursuivaient et voletaient à travers la pelouse ; il les compta et les recompta, un œil toujours dirigé vers la porte battante. Une servante à l'air maussade vint préparer la table pour le thé, et Conradin restait là, attendait et scrutait encore et encore. L'espoir s'était peu à peu insinué[9] dans son cœur, et maintenant une lueur de triomphe commençait à briller dans ses yeux qui n'avaient connu jusque-là que la mélancolique résignation[10] de la défaite.

À voix basse, exultant[11] discrètement, il commença encore une fois l'hymne de la victoire et de la mise à mort. Et bientôt ses yeux furent récompensés : par la porte sortit un animal long et bas sur pattes, de

8. Passereaux au plumage moucheté.
9. Était entré doucement.
10. Acceptation sans révolte.
11. Éprouvant une grande joie.

Autre lecvture

couleur brun-jaune, clignant des yeux dans la lumière
déclinante du jour, avec de petites taches sombres et
humides sur la fourrure, autour des mâchoires et du
cou. Conradin se laissa tomber à genoux. Le grand
furet se fraya un chemin[1] vers le fond du jardin, se
désaltéra[2] un moment, puis traversa une petite passe-
relle de bois et disparut à la vue dans les fourrés[3]. Sredni
Vashtar était parti.

« Le thé est prêt, dit la servante à l'air maussade,
où est madame ? ». « Elle est descendue vers la remise,
il y a déjà un moment », dit Conradin. Et tandis que
la servante allait appeler sa maîtresse pour le thé,
Conradin attrapa une fourchette à toasts dans un tiroir
du buffet et commença à se faire griller un morceau de
pain. Et pendant que le toast grillait, pendant qu'il le
tartinait d'une bonne couche de beurre, pendant qu'il
le savourait lentement, Conradin écoutait les bruits et
les silences qui alternaient en saccades derrière la porte
de la salle à manger : le cri délirant[4] de la servante,
les questions et les exclamations qui y répondirent en
chœur[5] du côté de la cuisine, les pas précipités[6] pour
aller chercher de l'aide, et puis, après une accalmie, les
sanglots terrifiés et le pas traînant de ceux qui portaient
une lourde charge à l'intérieur de la maison.

« Comment l'annoncer à ce pauvre enfant ? Moi je
ne pourrai pas, jamais de la vie ! » s'écria une voix per-
çante. Et pendant qu'ils discutaient ensemble du problème, Conradin se fit griller un autre toast.

1. Se dirigea.
2. But.
3. Broussailles.
4. Fou de peur.
5. Ensemble.
6. Rapides.

Henri Rousseau dit Le Douanier Rousseau (1844-1910),
Femme se promenant dans une forêt fantastique, 1910,
huile sur toile (99,9 x 80,7 cm), fondation Barnes, Philadelphie.

À lire

Découvrez d'autres monstres !

Dans la mythologie
- **M.-T. Adam**, *Héros de la mythologie grecque*, Gallimard, « Folio junior », 2006.
- **H. Montardre**, *Persée et le regard de pierre*, Nathan, 2007.
- **M.-O. Hartmann**, *Ariane contre le Minotaure*, Nathan, 2004.
- **Ch. Grenier**, *Contes et légendes : les héros de la mythologie*, Nathan, 2010.
- **Y. Pommaux**, *Thésée ou comment naissent les légendes*, École des loisirs, 2012.

Dans les contes
- **W. et J. Grimm**, *Hansel et Gretel*.
- **Ch. Perrault**, *La Barbe Bleue* et *Le Petit Poucet*.
- **Mme Leprince de Beaumont**, *La Belle et la Bête*.
- *Sindbad de la mer* dans *Les Mille et Une Nuits*.
- **S. Cherer**, *L'Ogre maigre et l'Enfant fou*, École des loisirs, 2002.

Dans les romans
- **J. Verne**, *Vingt Mille Lieues sous les mers*.
- **V. Hugo**, *Notre-Dame de Paris*.
- **R. Dahl**, *Le Bon Gros Géant*, Gallimard, « Folio junior », 2007.
- **J. K Rowling**, la série des *Harry Potter*, Gallimard.
- **R. Riordan**, la série des *Percy Jackson*, Albin-Michel jeunesse, 2005-2010.

Dans les albums
- **M. Sendak**, *Max et les maximonstres*, École des loisirs, 2015.
- **T. Ungerer**, *Le Géant de Zéralda*, École des loisirs, 2002.
- **E. Gérard**, *La Forêt des géants*, Érasme, 2013.
- **E. Drake**, *La Monstrologie : l'encyclopédie des bêtes légendaires*, Milan, 2009.

À voir

Et à l'écran...

➤ Des animaux monstrueux

• *20 000 Lieues sous les mers*, **de R. Fleisher, 1954**
Pour voir le combat du capitaine Nemo et de son équipage contre un poulpe géant.

• *Jurassic Park*, **de Steven Spielberg, 1993**
Des dinosaures nés d'un clonage s'échappent d'un parc d'attractions...

➤ Des monstres gentils

• *E.T. l'extra-terrestre*, **de Steven Spielberg, 1982**
Un « monstre » venu de l'espace se retrouve sur Terre et devient l'ami d'un jeune garçon.

• *Edward aux mains d'argent*, **de Tim Burton, 1991**
L'histoire touchante d'un jeune homme, Edward, créé par un inventeur mais resté inachevé et qui a des ciseaux à la place des mains.

• *Monstres et Cie*, **de Pete Docter, 2001**
À Monstropolis, une ville habitée par toutes sortes de créatures, une usine de traitements de cris d'enfants permet d'alimenter la ville en énergie.

• *Shrek,* **de Vicky Jenson et Andrew Adamson, 2001**
Les aventures de l'ogre vert, truculent et drôle.

TABLE DES ILLUSTRATIONS

Conception graphique : Julie Lannes
Design de couverture : Denis Hoch
Illustrations : Buster Bone
Recherche iconographique : Gaëlle Mary
Mise en page : Linéale
Édition : Valérie Antoni

MIXTE
Papier issu de
sources responsables
FSC® C022030
FSC
www.fsc.org

Impression & brochage SEPEC - France
Numéro d'impression : 06601160712 - Dépôt légal : juillet 2016
Numéro de projet : 10222634

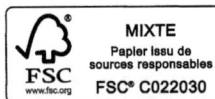

COLLÈGE

LYCÉE

BTS